OUVRAGES DE M. ADRIEN DE LA FAGE

Relatifs au plain-chant et à la musique religieuse,

Et que l'on trouve chez E. REPOS :

Cours complet de plain-chant ou *Nouveau Traité méthodique et raisonné du chant liturgique de l'Eglise latine, à l'usage de tous les diocèses.*

Le *Cours complet de plain-chant* forme un volume in-8 de XXIV et 524 pages grande justification, imprimé sur beau papier, avec des caractères de plain-chant fondus exprès. Prix : 7 50

L'APPENDICE forme un volume in-8° de IV et 348 pages, y compris 64 planches de musique. Prix : 6 »

On ne vend plus la première partie sans l'*Appendice.* Quelques personnes qui n'ont pas encore retiré celui-ci pourront se le procurer au prix ci-dessus.

Au moment de la publication de cet ouvrage, dont tant de parties sont absolument neuves, les éditeurs ne craignirent pas de le donner comme ce qui avait été imprimé de meilleur sur la matière ; son succès a confirmé leur opinion. Nous regrettons que l'auteur ne nous ait pas permis de reproduire ici des extraits de journaux spéciaux et surtout de lettres particulières reçues de personnages dont le nom fait autorité dans la musique liturgique, qui toutes s'accordent à regarder cette publication comme un grand service rendu à la fois à la religion et à la musique. Nous nous bornerons à citer deux passages dont le premier appartient à un ecclésiastique et le second à un laïc, connus l'un et l'autre pour leurs connaissances en plain-chant :

« Enfin, voici un livre sur lequel, après de trop nombreuses déceptions, on aime à se reposer. Celui-ci rend loyalement ce qu'il promet, bien qu'il promette beaucoup.... Le *Cours complet* de M. DE LA FAGE reste incontestablement l'ouvrage le plus solide et le plus remarquable de notre époque sur le chant d'église. » (Article de M. l'abbé PETIT, supérieur du séminaire de Verdun, *Univers* du 13 septembre 1857.)

« M. DE LA FAGE a droit d'être salué du titre de maître.... Aussi s'exprime-t-il d'un ton concis, énergique, dogmatique, qui ne souffre pas d'objection.... Dans son *Cours de plain-chant* tout se trouve : toutes les branches de la théorie, toutes les parties de l'office divin y sont exposées dans un ordre lumineux. » (Article de M. JOSEPH D'ORTIQUE, auteur du *Grand Dictionnaire de plain-chant*, *Débats* du 1er octobre 1856.)

De la Reproduction des livres de plain-chant romain. In-8. 1853. Epuisé.

Nicolai Capuani presbyteri Compendium musicale ; ad codicum fidem nunc primum in lucem edidit, notis gallicis illustravit, inedita scriptorum anonymorum fragmenta subjunxit Justus Adrianus DE LA FAGE. In-8, grand papier, tiré à CINQUANTE exemplaires. 6 »

Cet ouvrage, écrit en 1415, par un prêtre de Capoue, paraît ici pour la première fois, et nous donne la plus juste idée de la musique du temps et de la manière dont on l'étudiait.

Extraits du catalogue critique et raisonné d'une petite bibliothèque musicale, In-8, avec quarante planches de musique, tiré à QUATRE-VINGT-CINQ exemplaires. 10 »

Ce livre, loin d'être un catalogue aride, renferme des notices extrêmement intéressantes sur quantité de livres de musique sacrée et de plain-chant publiés au XVIe siècle.

NOUVEAU TRAITÉ

DE

PLAIN-CHANT ROMAIN

Paris.—Imp. chez BONAVENTURE et DUCESSOIS, quai des Augustins, 55

NOUVEAU TRAITÉ

DE

PLAIN-CHANT ROMAIN

A L'USAGE DE TOUS LES DIOCÈSES

PAR

ADRIEN DE LA FAGE

PARIS

E. REPOS, LIBRAIRE-ÉDITEUR

de livres liturgiques (spécialité de plain-chant),

8, RUE CASSETTE,

(près l'Église Saint-Sulpice)

1859

AVERTISSEMENT.

Les suffrages dont nos précédents ouvrages ont été honorés, le jugement qu'en ont porté les membres du clergé et les musiciens les plus versés dans la matière, nous ont décidé à publier un *Nouveau Traité du Plain-Chant romain*, renfermant spécialement tout ce qu'on appelle ordinairement les *principes*.

Ce livre contient donc l'exposé des *principes* du plain-chant suffisamment développés, avec leur application la plus usuelle, celle qu'ont besoin de connaître, non-seulement les ecclésiastiques et les séminaristes, mais aussi tous les fidèles qui veulent mêler leur voix à celles du chœur.

Quand on aura bien étudié le contenu de ce volume, on doit être capable de lire toute espèce de plain-chant, et si l'on veut perfectionner ses connaissances à cet égard, on peut se servir avec avantage des *Tableaux* ou *Exercices pour la lecture du Plain-Chant*, rassemblés et disposés d'après le système adopté dans les différentes éditions des livres de plain-chant publiées à Digne par M. Repos, ainsi que du *Cours complet*.

Après avoir, dans les treize premiers chapitres, exposé la manière d'écrire et de solfier le plain-chant, et en avoir analysé tous les intervalles, l'Auteur parle dans les quatorze suivants des modes, de la mesure à observer dans le plain-chant, de l'application des paroles aux notes, de l'accentuation de la langue latine dans le chant, de la psalmodie, et il termine par des conseils généraux pour la conduite de la voix dans l'exécution des offices.

La notation du plain-chant offre pour les vingt-deux premiers chapitres l'application du nouveau système imaginé par l'Auteur dans la vue de lever la principale et presque l'unique difficulté qui existe pour la lecture, savoir l'indication des demi-degrés, autrement des demi-tons de l'échelle, au moyen de signes qui sans aucun changement de place et de forme se reconnaissent au premier coup d'œil en ce que les notes sont vides au lieu d'être pleines ; ou, si l'on aime mieux, blanches au lieu d'être noires. Ce moyen est, selon nous, le plus sensible, le plus commode et le plus heureusement inventé pour distinguer immédiatement la place des demi-degrés et les entonner en conséquence.

En ces derniers temps, il s'est opéré dans les études liturgiques un immense mouvement dans lequel le chant ecclésiastique est entré pour une bonne part. C'est dans l'espoir d'aider à la direction de ce mouvement et de le mener à bonne fin que nous publions le présent livre, dans lequel l'Auteur s'est efforcé de toujours donner des définitions claires et des préceptes positifs en les accompagnant d'exemples choisis avec soin, et bien adaptés aux règles dont ils sont la confirmation.

Nous espérons que cet ouvrage ne sera pas moins bien accueilli que ceux qui l'ont précédé ; il contribuera comme eux à rendre de plus en plus générale la connaissance des chants que l'Église a consacrés pour adresser à Dieu les louanges et les supplications que sa bonté infinie veut bien écouter avec faveur, lorsqu'ils partent d'un cœur pénétré de son amour.

TABLE DES MATIÈRES.

FIN DE LA TABLE DES MATIÈRES

NOUVEAU TRAITÉ ÉLÉMENTAIRE

DE

PLAIN-CHANT

CHAPITRE PREMIER

PRINCIPES CONSTITUTIFS DU PLAIN-CHANT.

1. Le plain-chant est un genre de musique dont l'Église a conservé l'usage pour l'office catholique. Basé sur les mêmes principes que notre musique actuelle, il en diffère par sa constitution et par sa notation.

2. Toute musique et par conséquent tout plain-chant se compose de sons ayant pour modifications essentielles le ton et la durée.

3. Pour rester démontré, ce fait n'a besoin que d'être observé avec un peu d'attention. Il n'est personne qui, entendant exécuter une mélodie ou un chant quelconque, ne s'aperçoive qu'il se forme d'une espèce de bruit réglé de telle sorte qu'il n'est pas toujours semblable, autrement qu'il ne frappe pas toujours notre oreille de la même manière. En y prenant garde, il est facile de s'apercevoir qu'en de certains moments le son a plus d'éclat ou de volume que dans d'autres, et pour indiquer le résultat de cette observation, on dit que parmi les sons les uns sont plus *élevés* ou plus *aigus*, les autres plus *bas* ou plus *graves*. C'est ce qui constitue le *ton*. Ces degrés plus graves ou plus aigus sont aussi, comme il est aisé de le reconnaître, plus ou moins prolongés; c'est ce qui constitue la *durée*.

4. Les différences dans le ton ou degré des sons se réduisent pour le plain-chant à celles que la voix humaine ordinaire, dans chaque sexe, peut exprimer sans difficulté et sans efforts. Il en résulte une succession de quinze degrés, qui constituent la série ou échelle générale des tons du plain-chant. Cette échelle se compose de tons voisins les uns des autres, et qui dans le cas actuel ne sauraient être plus rapprochés qu'ils ne le sont.

5. L'idée de *degrés* que la voix humaine doit parcourir, suppose nécessairement qu'ils sont séparés entre eux par une certaine distance ; car autrement on ne monterait ni l'on ne descendrait, on irait de plain-pied.

6. Dans la série des quinze degrés sur lesquels est basé le plain-chant, les distances qui séparent chacun d'eux ne sont pas constamment semblables; quatre d'entre elles ne sont qu'environ la moitié des autres. On appelle par abus les plus grandes distances *tons*, de même que les degrés qui leur donnent naissance ; il serait mieux de les nommer *diatons*, puisqu'il s'agit non pas des tons mêmes, mais de la distance qui se trouve entr'eux. Les plus petites distances sont aussi appelées demi-tons, et par la même raison, il vaudrait mieux dire *semidiatons* ou *midiatons*[1]. Voici la place qu'occupent les uns et les autres dans l'échelle générale ou série des quinze degrés : nous désignerons, quant à présent, chacun d'eux par des chiffres :

1 Diaton 2 Midiaton 3 Diaton 4 Diaton 5 Midiaton 6 Diaton 7 Diaton 8 Diaton 9 Midiaton 10 Diaton 11 Diaton 12 Midiaton 13 Diaton 14 Diaton 15

Ces successions de tons et demi-tons, séparées par des diatons et semi-diatons, constituent le genre appelé en musique *diatonique*, seul admis dans le plain-chant.

7. Nous pouvons dès maintenant observer que dans cette série ou échelle la place des demi-degrés ou semi-diatons est la même, en divisant la série en deux parties égales de 1 à 8, et de 8 à 15:

1		2		3		4		5		6		7		8
8	Diaton	9	Midiaton	10	Diaton	11	Diaton	12	Midiaton	13	Diaton	14	Diaton	15

Par conséquent, toutes les opérations sur l'échelle générale pourraient se réduire à considérer seulement huit degrés au lieu de quinze ; tout ce que l'on dirait de ces huit degrés pouvant s'appliquer aux huit autres semblablement disposés.

8. Le neuvième degré est susceptible de variation : au lieu d'être rapproché du dixième, de manière à ne former avec lui

[1] Du grec διά, *dia*, entre, τόνος, *tonos*, ton.

qu'un demi-degré, en certains cas il se rapproche du huitième, dont il n'est plus écarté que d'un demi-degré, et par cela même, il se trouve alors séparé du dixième d'un degré entier. Cette variation est la seule qui puisse se présenter dans l'échelle du plain-chant.

9. Ainsi tout le plain-chant peut être rapporté à une série de quinze degrés, et cette série peut se diviser en deux parties, dont l'une est semblable à l'autre dans sa disposition. Quatre degrés ne sont qu'environ la moitié des autres. La place de trois de ces demi-degrés est fixe; celle du quatrième, qui est le neuvième de l'échelle générale, est mobile; en sorte que la petite distance se trouve tantôt du huitième au neuvième degré, tantôt du neuvième au dixième. Telle est la base constitutive du plain-chant, la formule générale à laquelle toute pièce mélodique quelconque lui appartenant peut être ramenée, et qui, étant bien comprise, facilitera l'intelligence de tous les développements qui vont suivre.

CHAPITRE II.

COMMENT DANS LE PLAIN-CHANT SE REPRÉSENTENT LE SON ET SES DIFFÉRENTS DEGRÉS; DES NOTES ET DE LA PORTÉE.

10. Les différents tons ou degrés de l'échelle du plain-chant se représentent au moyen de signes appelés *notes*, dont les plus fréquemment employés ont une forme carrée et qui dans l'origine étaient de simples points. Ces notes se placent sur des lignes horizontales et dans les espaces qui divisent ces lignes. L'échelle générale que nous avons donnée (12) au moyen des chiffres peut donc se représenter comme il suit :

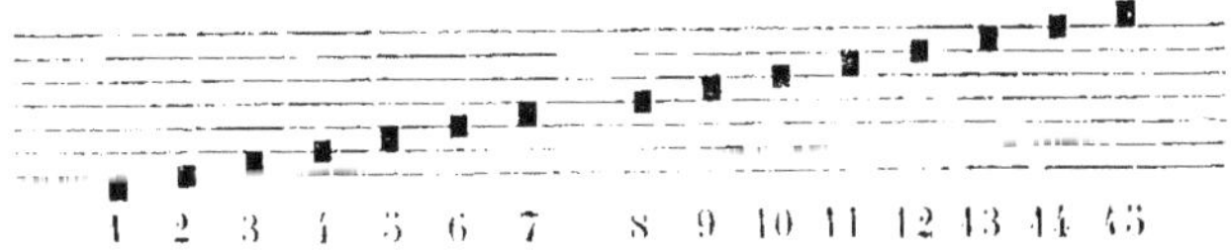

On comprend ainsi de prime abord que les signes les plus élevés désignent les tons les plus aigus, comme les plus bas indiquent les tons les plus graves.

11. Mais comme dans la plupart des morceaux de plain-chant on ne fait pas usage de toute l'étendue de l'échelle générale, chaque mélodie étant le plus communément renfermée dans une étendue de huit à dix degrés et quelquefois moins, il suffit de quatre lignes pour représenter tous les degrés dont on a besoin. La réunion de ces quatre lignes se nomme *portée* ou *pattée*. La portée est donc un assemblage de quatre lignes équidistantes, horizontales et parallèles, sur et entre lesquelles se placent les signes représentatifs du son. Les distances qui séparent les lignes se nomment *espaces*. Les lignes et les espaces se comptent de bas en haut.

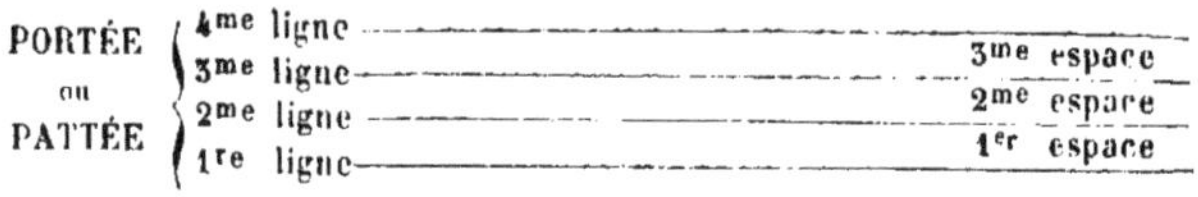

PORTÉE ou PATTÉE		
	4me ligne	
		3me espace
	3me ligne	
		2me espace
	2me ligne	
		1er espace
	1re ligne	

Détachées de la pattée, les notes ne sauraient avoir aucune signification ; vide de notes, la pattée n'a aucun sens. La réunion de l'une et des autres est donc indispensable pour la représentation du son et de ses différents degrés.

CHAPITRE III.

DU NOM DES NOTES.

12. Pour aider la mémoire, abréger le discours et faciliter l'étude, on a donné aux sept premiers degrés de l'échelle générale des noms qui servent également pour les degrés suivants, lesquels sont (7) la répétition des premiers. Il n'y a lieu à aucune confusion, puisque l'oreille discerne parfaitement le ton pris à l'aigu, du ton pris au grave. Ces noms sont ici présentés en rapport avec les degrés exprimés par des chiffres :

la													
15													
la		si		ut		re		mi		fa		sol	
8	Diaton	9	Midiaton	10	Diaton	11	Diaton	12	Midiaton	13	Diaton	14	Diaton
LA		SI		UT		RE		MI		FA		SOL	
1		2		3		4		5		6		7	

13. En raison de la place occupée par les petits intervalles ou demi-tons (6), on voit qu'en adoptant les dénominations ci-dessus, ils s'appellent tantôt *mi-fa*, tantôt *si-ut*. A cette syllabe *ut*, on a, en ces derniers temps, substitué *do* comme étant plus sonore. Le nom est tout à fait indifférent et ne change rien à l'état des choses.

CHAPITRE IV.

DES CLÉS ET DU GUIDON.

14. On a vu (11) que la pattée servait à recevoir les signes représentatifs du son, et qu'en même temps elle en marquait le degré d'abaissement ou d'élévation, les tons graves occupant les lignes et espaces inférieurs et les tons aigus les lignes et espaces supérieurs. Mais on comprend combien cette idée générale de la position des degrés vocaux serait vague et insuffisante : ainsi dans l'exemple ci-dessous

on voit bien que les notes placées au bas de la portée doivent désigner les tons les plus graves, et que ceux-ci vont successivement en s'élevant jusqu'au plus haut, puis qu'ensuite ils redescendent; mais rien n'indique sur quelle ligne ou dans quel espace se trouvera l'*ut*, le *ré*, le *mi*, etc.; et il n'y a aucune raison de donner à l'une des notes un nom plutôt qu'un autre. Il fallait donc un moyen de déterminer d'une manière certaine et commode le nom de chaque note, ou si l'on aime mieux, de chaque ligne et de chaque espace. Pour cela, il suffisait de fixer le nom de l'une des lignes ou de l'un des espaces, le nom des autres lignes et espaces ne pouvait manquer de s'en déduire tout naturellement.

15. C'est à cet effet qu'ont été inventés les signes appelés *clés*, parce qu'en effet ils semblent *ouvrir* à l'intelligence la pensée écrite sur la pattée. Supposons, par exemple, un signe de convention indiquant que la ligne au commencement de laquelle il sera placé prendra le nom d'*ut*, chaque fois que l'on rencontrera une note sur cette ligne, on saura que c'est nécessairement un *ut*.

16. Donnons à ce signe la forme [clef d'ut] et plaçons-le sur la troisième lignes au commencement de la pattée :

Chaque fois que sur cette troisième ligne se montrera une note, nous saurons que c'est nécessairement un *ut*. Une fois cette note connue, le nom des autres sera bien facile à déduire. Il suffira de se rappeler que les notes se posant sur toutes les lignes et tous les espaces, et la ligne de l'*ut* étant connue, si l'on garnit successivement les lignes et espaces tant en dessus qu'en dessous, on aura d'une part la série de degrés au-dessus, de l'autre la série de degrés au-dessous de ce même *ut*, et ces degrés se suivront diatoniquement :

17. Rappelons-nous que nous devons, au moyen de la portée, exprimer les quinze degrés sur lesquels roule toute la mélodie du plain-chant, et que nous avons pour cela besoin de sept lignes (10). Plaçons le signe que nous venons de fixer pour désigner l'*ut* sur la cinquième de ces sept lignes, et mettons sur la troisième un autre signe ainsi figuré [clef de fa], et qui servira pour marquer la place du *FA*; garnissons ensuite de notes les lignes et les espaces de toute la pattée.

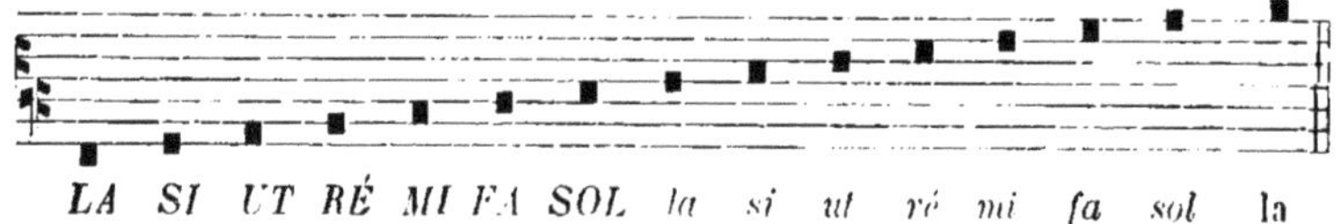

Voilà toute l'étendue de la série des tons du plain-chant exprimée sans difficulté. Mais nous avons vu (11) que dans l'usage ordinaire une pattée de quatre lignes était suffisante; nous les empruntons à la grande portée de sept lignes en les prenant à telle place qui nous convient, la position primitive des notes restant toujours la même et se trouvant irrévocablement déterminée par les clefs de *FA* et d'*ut*. Nous obtiendrons, par ces démembrements, quatre pattées de quatre lignes, dont l'origine est clairement démontrée par les deux figures ci-dessous :

LA SI UT RÉ MI FA SOL la si ut ré mi fa sol la

On voit évidemment ici que, sans changer de situation, les deux clés regagnent dans le haut la ligne qu'elles perdent dans le bas; ainsi, après s'être trouvée sur la troisième ligne pour les deux premières notes de l'échelle générale, qui autrement n'auraient pu être exprimées, la clé de *FA* se trouve, pour les suivantes, sur la seconde ligne, et en même temps, afin qu'elle puisse donner l'idée des notes aiguës, une nouvelle ligne supérieure apparaît au moment même où disparaît la ligne inférieure. Il en est de même pour la clef d'*ut*.

18. La clé de *FA* se trouve ainsi dans deux positions : à la première elle occupe la troisième ligne et embrasse les neuf premiers degrés de l'échelle générale :

A la seconde position, elle est sur la seconde ligne et embrasse également neuf degrés de l'échelle générale en partant du troisième :

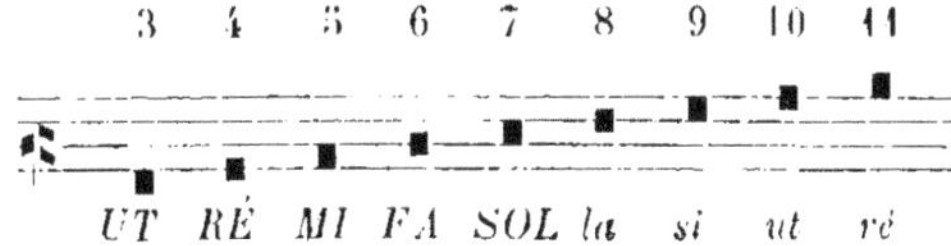

19. La clef d'*ut*, placée sur la cinquième ligne, dans la grande portée, prend deux positions sur les portées de quatre lignes. Dans la première, elle occupe la troisième ligne et embrasse neuf degrés à partir du cinquième de l'échelle générale :

A la seconde position, elle se place sur la seconde ligne et offre les neuf derniers degrés de l'échelle générale :

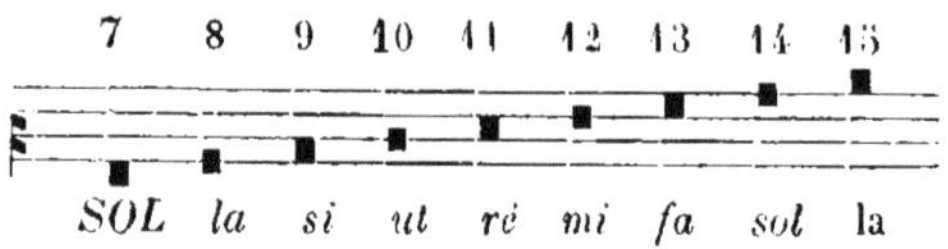

Lorsque l'on cessa d'écrire les deux clés ensemble (17), les uns supprimèrent la clef d'en haut, et ainsi la clé de *FA* sur la deuxième ligne fut conservée; d'autres rejetèrent celle-ci pour conserver la clé supérieure d'*ut*, qui alors se trouve sur la quatrième ligne; la chose est en elle-même indifférente, puisque la position des notes ne change pas.

20. Dans certains cas, dont il sera parlé plus tard, on rencontre des morceaux de plain-chant qui, soit au grave soit à l'aigu, excèdent l'étendue de neuf degrés, et alors la portée de quatre lignes devient insuffisante. On y pourvoit de deux manières : l'on ajoute de nouvelles lignes ou fragments de lignes que l'on pose accidentellement, soit au-dessus soit au-dessous des lignes extrêmes et qui forment entre elles de nouveaux espaces, et l'on y place les notes comme dans l'intérieur de la portée. Ces nouvelles lignes se prolongent ou se reproduisent selon la nécessité; on les nomme lignes *supplémentaires, additionnelles* ou *postiches :*

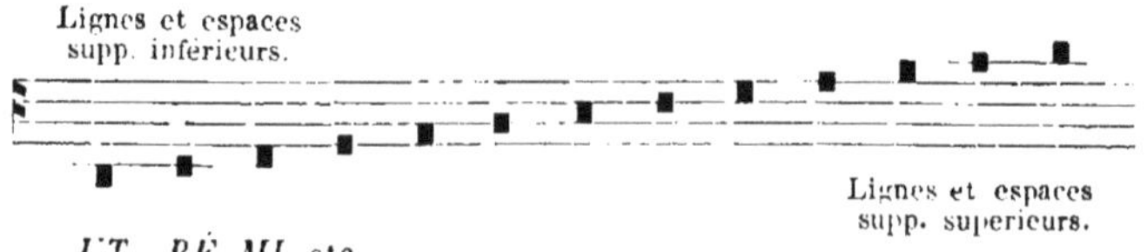

21. L'autre manière consiste à substituer à la clé devenue insuffisante une autre clé qui procure les degrés obtenus dans l'exemple précédent au moyen de lignes supplémentaires; on substitue pour le premier cas la clef de *FA* troisième ligne, et pour le second la clef d'*ut* deuxième ligne à la clef primitive. Les degrés prennent alors la dénomination annoncée par la nouvelle clé et la conservent tant que la clé précédente ou toute autre ne vient pas remplacer la clé substituée. Ainsi le passage ci-dessus pourrait s'écrire

Autre exemple où sont employées les quatre positions :

22. Le guidon est un signe imaginé pour lier les notes d'une portée à celles de la portée suivante; de même que le trait-d'union indique à la fin d'une ligne écrite ou imprimée que le mot ne finit pas avec elle et qu'une partie en est renvoyée à la ligne suivante. Formé de différentes manières, selon les habitudes des copistes ou des typographes, il a communément, dans les caractères modernes, la forme d'une demi-note accompagnée d'une queue ; on le place à la fin des portées sur la ligne ou sur l'espace où se trouvera la première note de la portée suivante. Ce signe dirige la pensée du chanteur et empêche l'œil de s'égarer en sautant d'une ligne à l'autre. Le guidon est de grande importance dans les livres imprimés ou manuscrits où se trouve de fréquents changements de clés qui, apparaissant d'une manière inattendue au commencement des portées, sont une occasion fréquente d'erreurs, si l'on n'a pris garde au guidon. Nous en verrons des exemples.

23. Ainsi les clés servent à déterminer la position et le nom des notes sur la portée. Il y a deux clés, celle de *FA*, qui se place sur les deuxième et troisième lignes, et celle d'*ut* qui se pose sur les mêmes lignes. Chaque clef représente dans la portée une étendue de neuf degrés. Lorsque le plain-chant s'étend au delà de ces neuf degrés, on ajoute en haut ou en bas des lignes supplémentaires, ou bien l'on change la clé. Le guidon sert à faire connaître à la fin de chaque portée quelle sera la note qui commencera la portée ou pattée suivante.

CHAPITRE V.

DE L'ÉCHELLE OU GAMME COMMUNE.

24. Le principe fondamental du plain-chant étant une succession de quinze degrés (4), dont les sept qui viennent à partir du huitième sont une répercussion des sept premiers, et le quinzième la triplication du premier, il semblerait naturel de rapporter les exercices du chant à la première de ces séries, et par conséquent d'étudier d'abord une échelle composée comme ci-dessous :

Nous n'hésiterions même pas à nous écarter en ceci des usages reçus, si l'habitude de se servir pour l'étude des éléments d'une autre échelle, vulgairement appelée *gamme*, n'offrait l'avantage d'exercer les voix dans la partie moyenne de la grande étendue, et par conséquent de pouvoir être exprimée sans effort et par les voix graves et par les voix aiguës, tant des hommes que des enfants. Cette gamme, partant du troisième degré de la grande échelle, trouve sa position naturelle dans la portée de clé de *FA* sur la seconde ligne, qui est la même (19) que celle de clef d'*ut* sur la quatrième ligne :

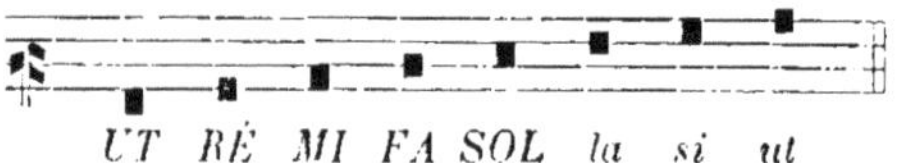

Cette position a l'avantage d'être l'une de celles qui se présentent le plus souvent dans les mélodies de l'office divin, et c'est une raison de plus pour nous en servir dans nos premiers exercices de chant.

25. On a donné le nom de *gamme* à l'ensemble de ces huit degrés, parce qu'à l'époque où l'on ajouta un degré au-dessous des quinze lettres latines, on le figura au moyen de la troisième lettre de l'alphabet grec appelée *gamma*. Par l'étude de leurs combinaisons, nous arriverons à lire et à chanter facilement toutes les pièces de plain-chant qui passeront sous nos yeux. Dans cette échelle, facile à chanter tant en montant qu'en descendant, les distances plus petites que les autres (6) et que l'on appelle semi-diatons ou mi-diatons, se trouvent du troisième au quatrième degré et du septième au huitième.

26. Il en résulte qu'en divisant la gamme en deux parties, ces deux parties se ressemblent quant à la situation des semi-diatons :

SOL	Diaton.	*la*	Diaton.	*si*	Midiaton.	*ut*
UT		*RE*		*MI*		*FA*

d'où naissent deux assemblages de quatre notes que l'on appelle *tetracordes*, c'est-à-dire réunions de quatre cordes ou degrés [1]. Les différents tetracordes, pris sur l'échelle générale et comparés entr'eux, offrent des rapports et des différences dont nous aurons à nous occuper par la suite.

CHAPITRE VI.

DE LA SOLMISATION.

27. Nous avons vu (12 et suiv.) que l'on avait donné des noms à sept des degrés de l'échelle générale et que ces sept dénominations servaient aussi pour les autres notes qui se présentaient dans le même ordre, formant ainsi des séries superposées. On se sert du nom des notes non-seulement pour les désigner dans le langage, mais encore pour les exprimer dans le chant et acquérir ainsi l'habitude de l'exécution. Cette partie des études musicales s'appelle *solfège* ou *solmisation*. Le dernier de ces mots indique plus spécialement l'action même de chanter en appelant les notes par leur nom. Il est bien entendu qu'il ne suffit pas de les articuler, et qu'il faut aussi les entonner avec précision, les soutenir avec exactitude et leur

1 De τέσσαρες, *tessares*, quatre, ou attiquement τέτταρες, *tettares*, et χορδή, *chordê*, boyau, et par suite corde de boyau ; on devrait en conséquence écrire *chorde*.

donner la durée convenable. C'est là ce que l'on appelle *solfier* ou *solmiser*. Les leçons composées dans la vue de faciliter cette étude se nomment *solféges*, et l'on donne encore ce nom aux livres qui en contiennent des recueils. Ainsi le mot solfége a une triple signification.

28. Dans la dénomination des sept degrés, une habitude assez moderne venue de l'Italie a substitué la syllabe *do* à *ut*, qui en italien se prononce *out*; cette substitution, avec l'avantage de remplacer une articulation sourde par une articulation sonore, n'offre aucun inconvénient réel; nous conseillons donc d'en faire usage. Mais ce que nous recommandons par-dessus tout, c'est de contracter dès la première étude du solfége l'habitude d'une bonne prononciation et de ne jamais articuler négligemment ou mollement aucune des sept syllabes, éléments du solfége.

Ainsi, pour l'*ut*, si l'on emploie cette dernière dénomination, ne pas porter les lèvres en avant plus qu'il ne faut et de telle sorte que la bouche étant presque fermée, l'air ne trouve plus aucun passage; mais au contraire, tendre légèrement les lèvres en ouvrant la bouche autant qu'il est nécessaire.

Si l'on emploie la syllabe *do*, prononcer plutôt *dò* que *dó*. Même observation pour l'*o* du *sol*, en faisant de plus bien sonner le *l* final.

Pour le *ré*, prononcer toujours le *r* de langue et non de gorge, en donnant à la voyelle le son de l'*è* ouvert, comme s'il y avait *rès* ou *rais* dans les mots *guérets, après, extraits*, plutôt que celui de l'*é* fermé, sans toutefois que la prononciation que nous recommandons ait rien d'affecté.

Ne prononcer le *mi* du nez qu'autant que l'exige l'articulation du *m*, et ouvrir la bouche le plus possible pour l'émission de l'*i*. Même recommandation pour le *si*.

Donner à l'*a* du *fa* et du *la* un son intermédiaire entre *à* et *â*.

En apportant une grande attention à la prononciation des sept syllabes, on prend sans s'en apercevoir l'habitude de bien prononcer toutes les paroles des textes qui s'adaptent au plain-chant.

29. Une autre recommandation non moins essentielle est de ne jamais chanter ni de la gorge ni du nez, mais de laisser sortir le son de la poitrine pur et sans aucune altération; de toujours chanter naturellement, sans forcer la voix, ni pour en augmenter l'étendue, ni pour en accroître le volume, ni pour couvrir celle des personnes avec qui l'on chante; de ne faire aucune contorsion de la bouche, de tenir en chantant la tête et le corps droits et la poitrine bien effacée.

CHAPITRE VII.

DES INTERVALLES.

30. On appelle intervalle la distance qui se trouve entre deux termes quelconques de l'échelle générale : LA - SI, UT - MI, RÉ - SOL, FA — *ut*, MI - *mi*, etc.

31. Chaque intervalle tire son nom du nombre de degrés qu'occupent les termes dont il est formé; ainsi l'on nomme *unisson*, *uniton* ou *prime* celui dont les termes occupent un seul et même degré; *seconde* celui dont les tons embrassent deux degrés consécutifs; *tierce* celui dont les tons embrassent trois degrés; *quarte*, *quinte*, *sixte*, *septime* ou *septième*, *octave*, *none* ou *neuvième*, *décime* ou *dixième*, etc., ceux dont les tons occupent sur l'échelle quatre, cinq, six, sept, huit, neuf, dix, etc., degrés. Dans la pratique on donne aussi le nom d'intervalle à l'un des deux tons qui le composent, comparé à l'autre ton considéré comme base; par exemple, on dit également la tierce *UT-MI*, ou *MI* tierce d'*UT*.

32. Tout plain-chant régulier n'admet pas d'intervalles au-delà de la quinte. Ceux qui la dépassent cessent d'être dans les vraies conditions du genre.

CHAPITRE VIII.

DE L'INTERVALLE DE SECONDE.

33. La *seconde* est, comme son nom l'indique, l'intervalle d'un degré à celui qui le suit immédiatement. Par conséquent il doit y avoir deux espèces de secondes, puisque nous avons reconnu (6,25) que parmi les degrés de l'échelle, il y en avait dont la distance n'était qu'environ moitié de celle des autres. Il y a donc la seconde *majeure*, appelée aussi *ton*, comme d'ut à ré, de ré à mi, de fa à sol, de sol à la, de la à si; puis la seconde *mineure* ou *demi-ton* de mi à fa et de si à ut. Ces secondes, dans la position que nous avons donnée à leurs termes, sont ascendantes; en renversant les termes, comme de ré à ut, de mi à ré, etc., elles deviennent descendantes. Nous verrons au chapitre suivant que l'intervalle de demi-ton ou de seconde mineure peut encore se présenter d'une autre manière; mais dans les exemples qui vont suivre on ne le rencontre qu'entre les deux degrés de l'échelle ci-dessus désignés.

34. La principale difficulté dans l'intonation exacte des secondes consiste donc à se rappeler sur-le-champ si celle que l'on va chanter doit être majeure ou mineure, puisque la voix doit monter, soit d'un degré, soit d'un demi-degré, selon l'un ou l'autre cas. Pour mieux rendre compte de cet effet, on a imaginé de figurer un *escalier* sur lequel les deux *marches* où se trouve la seconde mineure ne sont que la moitié des autres :

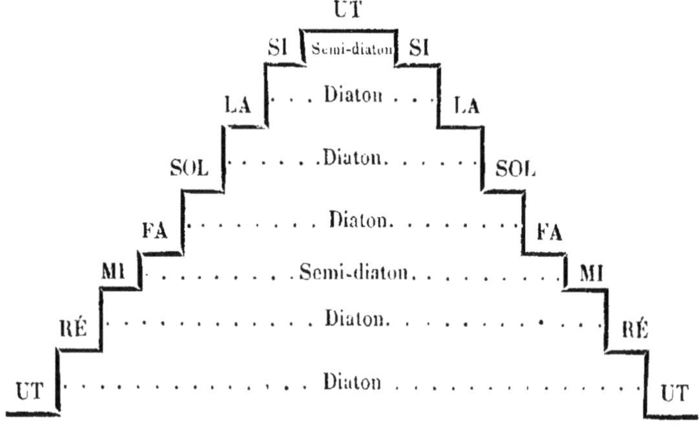

Pour reproduire en quelque manière l'effet si sensible de ces demi-degrés, nous avons cru devoir donner à la seconde mineure une marque spéciale qui la fît reconnaître et empêchât que jamais l'on exprimât un degré entier là où un demi-degré seulement devait être monté ou descendu. En conséquence, nous marquerons dans toute la première partie de cet ouvrage par des notes *vides* ou *blanches* ◻ ◻ ◇, toutes les secondes mineures qui se présenteront dans le cours des exemples. Il est bien entendu que ces demi-degrés ne sont ainsi marqués que dans le cas où ils se touchent.

35. Pour bien fixer dans notre mémoire la formule de l'intervalle de seconde, tant majeure que mineure, et en descendant de même qu'en montant, nous devons avant tout retenir par cœur des chants courts et faciles, ne contenant que des secondes et dont le début nous représente immédiatement l'intervalle désiré, toutes les fois qu'il pourrait nous échapper.

En fixant bien dans sa mémoire les premiers mots de chacune de ces quatre phrases, on ne doit jamais être embarrassé pour exprimer toutes les secondes qui se présenteront, puisque en cas d'incertitude il suffit de comparer au passage connu le passage à connaître.

36. Nous avons dit que la gamme ou échelle commune était composée de deux tétracordes; nous allons nous en rendre compte par l'expérience, en étudiant séparément chaque tetracorde tant ascendant que descendant, puis en opérant leur réunion. Pour faire reconnaître d'avance leur similitude, prenons les quatre phrases de chant que nous avons données il y a un instant, et plaçons-les cinq degrés plus haut ou quatre degrés plus bas; sauf le point de départ qui règle toute la suite, les choses se passeront exactement de même.

Comme on le voit, la place des semi-diatons se trouve être précisément la même, l'intervalle *si-ut* correspondant constamment à l'intervalle MI-FA, et les autres intervalles se rapportant de même. Remarquez aussi l'emploi des signes supplémentaires au-dessus de la pattée.

Tous les exercices qui suivent, et dont l'objet spécial sera indiqué en tête de chaque morceau, doivent être pris dans un mouvement modéré. La durée de chaque note doit être égale, quelle qu'en soit la forme. Les traits verticaux traversant la portée indiquent un repos; on les appelle *stanguettes*; lorsque la stanguette ne s'étend qu'à une partie de la portée, il ne s'agit que d'une reprise de respiration; lorsqu'elle s'étend aux quatre lignes, c'est un repos plus marqué, qui l'est davantage encore si la stanguette est double.

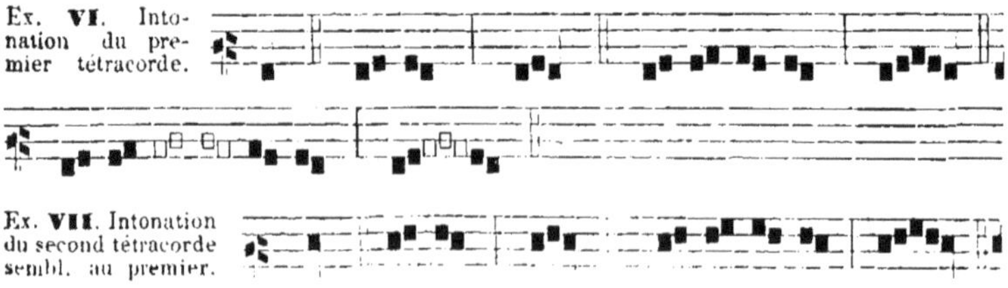

37. Quoique les pas que nous avons faits dans l'étude proprement dite du plain-chant ne soient encore que bien peu de chose, nous sommes déjà en état de lire quelques pièces de l'office : il suffit qu'il ne s'y trouve pas d'intervalle supérieur à la seconde, et les morceaux suivants sont dans cette condition.

En terminant ce qui regarde la seconde, remarquons que les exemples ci-dessus peuvent, sans être altérés autrement que par la position, être solfiés avec d'autres notes, en substituant par la pensée la clef d'*ut* à la clef de *FA*. Nous reviendrons sur ce sujet.

CHAPITRE IX.

DU DEMI-TON ACCIDENTEL ; DU BÉMOL ET DU BÉCARRE.

38. Nous avons vu (6 et 34) quelles étaient les places occupées dans l'échelle générale par les demi-tons, et reconnu qu'ils se trouvaient aux degrés que nous nommons mi-fa et si-ut, séparés seulement par des semi-diatons, tandis que les autres le sont par des diatons; il n'y a donc que des semi-diatons du second au troisième degré, du cinquième au sixième, et de même du neuvième au dixième et du douzième au treizième. Par des causes qui seront expliquées plus tard, il peut arriver que le troisième de ces demi-tons, c'est-à-dire celui qui se trouve du neuvième au dixième degré *si-ut*, varie de position, et qu'au lieu de se montrer à sa place ordinaire, il se trouve un degré plus bas, c'est-à-dire du *la* au *si*, et alors du *si* à l'*ut*, il n'y a plus un semi-diaton, mais un diaton entier.

39. En ce cas, le *si* est dans la notation précédé du signe ♭ appelé *bémol* ou *bérond*, et qui a en effet la figure d'un *b* mal formé; la première de ces dénominations est à peu près seule restée en usage. Toutes les fois donc que dans la portée on voit apparaître le ♭, il annonce inévitablement que le *si* doit être abaissé d'un semi-diaton. Le ♭ se pose soit immédiatement devant le *si*, soit avant le groupe de notes dont le *si* fait partie, et s'il s'y rencontre plusieurs fois, ce signe exerce toujours la même influence. Nous avons dans les leçons précédentes usé, pour faire reconnaître la place des demi-tons, d'un moyen facile; il se prête également au cas qui vient d'être signalé. Pour marquer aussi ce changement dans la solmisation, nous donnerons au *si* précédé du ♭ le nom de *za*.

40. Lorsque le *si* doit être, comme on vient de le voir, abaissé au moyen du ♭ pendant tout le cours d'un morceau, au lieu de répéter le signe indicatif chaque fois que la note se reproduit, on le place immédiatement après la clef, et il est alors convenu que toutes les fois que la note *si* se présentera, elle devra être abaissée d'un semi-diaton.

En ce cas le ♭ est *permanent*; dans le cas précédent (39), il est *accidentel*.

41. Veut-on indiquer que le ♭ placé après la clef doit momentanément perdre son effet, on place devant le *si* un autre signe ainsi formé ♮ et appelé *bédur* ou *bécarre* (ce dernier mot est seul usité). La dénomination même de ce signe indique de la manière la plus positive un effet opposé à celui du bé*mol* ou bé*rond*. Le ♮ étend son influence sur le *si* qui le suit immédiatement, et sur tous les *si* qui le suivent dans un même groupe.

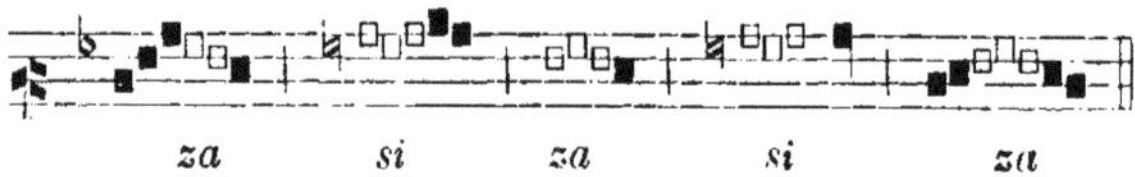

42. Quand on emploie le ♭ accidentel (39), on place quelquefois le ♮ devant le groupe suivant pour indiquer la cessation de l'effet du ♭, afin d'ôter au lecteur toute incertitude. Et réciproquement lorsque dans un morceau où le ♭ est à la clef, on a fait paraître accidentellement le ♮, quelquefois la réapparition du ♭ fait connaître que le ♮ n'a plus de pouvoir sur la note qu'il avait accidentellement rapprochée de l'*ut*.

43. Les termes *bémol* ou *bérond* et *bédur* ou *bécarre* datent de l'époque à laquelle, dans les exemples des traités de plain-chant, on désignait encore les notes de l'échelle par les lettres de l'alphabet. Le second *si* répondant à la lettre *b*, on donnait à la panse de cette lettre une forme ronde ou carrée, selon que l'on voulait placer le semi-diaton au-dessous ou au-dessus d'elle; dans le premier cas, le *si* se rapprochant du *la*, l'intervalle était *amolli*; il restait *dur* dans le second, où le *si* se portait vers l'*ut*. La seconde note de l'échelle générale, ou *si* inférieur, n'étant pas susceptible d'une semblable altération, conservait dans la notation en lettres une expression unique qui était le *B*.

44. Le bémol est donc un signe qui sert à rapprocher le *si* du *la*, en ne laissant entre eux que l'intervalle d'un semi-diaton; le bémol est accidentel ou permanent. Son effet est détruit par l'introduction du bécarre. Le *si* de la seconde octave est le seul degré qui soit susceptible d'altération au moyen du bémol. D'après ce qui vient d'être dit et d'après les exercices qui vont suivre, on peut facilement reconnaître que les effets du bémol et du bécarre se bornent, d'une part, à déranger momentanément l'ordre de l'échelle, en déplaçant une des secondes mineures qui s'y rencontrent, et de l'autre au retour à l'état ordinaire des choses.

45. Pour nous rendre parfaitement compte de l'effet du bémol, nous ne saurions mieux faire que de reprendre les deux exemples III et IV, et de supposer que nous voulons chanter le premier en partant du *la* : au degré suivant nous trouvons le *si* ordinaire qui est séparé du *la* par un diaton, tandis que le *FA* que nous voulons représenter n'est distant du *MI* que d'un semi-diaton; le bémol vient rémédier à cet embarras, et nous chantons :

Ce qui représente exactement l'accord que nous connaissons. De même pour l'exemple IV : si nous voulons le représenter au degré qui vient d'être indiqué, au premier essai il est aisé de voir que la substitution du *la* au *MI* exige pour le *FA* le *si* affecté du bémol :

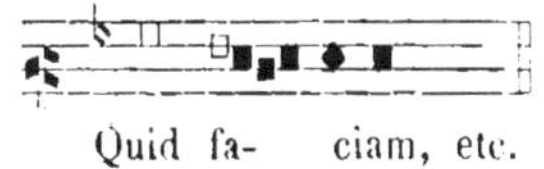

Dans les exemples qui vont suivre, on trouvera trois morceaux déjà donnés précédemment et qui paraissent ici dans une nouvelle position; on aurait pu les donner tous de la sorte, mais ceux que l'on a choisis suffiront par faire parfaitement comprendre ce dont il s'agit :

Ex. **XXII**. Exercice pour l'intonation du bémol accidentel.

CHAPITRE X.

DE L'INTERVALLE DE TIERCE

46. La tierce est, comme son nom l'indique, l'intervalle qui sépare un degré de l'échelle de celui qui vient au troisième rang après lui ; ainsi dans **UT-RÉ-MI** et dans **RE-MI-FA**, *ut-mi*, *ré-fa* forment des intervalles de tierce. La tierce peut être de deux espèces, ***majeure*** ou ***mineure***. Les deux termes de la tierce majeure sont distants l'un de l'autre de deux diatons ; on en compte trois sur l'échelle : ***UT-MI***, ***FA-la***, ***SOL-si***. La tierce mineure ne porte qu'un diaton et un semi-diaton ; on en compte quatre sur l'échelle : ***RE-FA***, ***MI-SOL***, *la-ut*, *si-ré*.

47. Les exercices suivants habitueront la voix à entonner sans difficulté toutes les tierces tant ascendantes que descendantes. Etablissons d'abord, ainsi que nous l'avons fait pour les secondes, des morceaux typiques qui nous rappellent en toute occasion l'intervalle de tierce et ses variétés, et remarquons que les deux termes de la tierce, soit qu'elle monte, soit qu'elle descende, sont toujours dans une position analogue ; ainsi le premier terme étant sur une ligne, le second sera sur la ligne suivante, au-dessus ou au-dessous, selon qu'il montera ou descendra : s'il est sur un espace, son correspondant sera également sur l'espace le plus voisin.

Ex. XXXIII. Tierces préparées en montant et en descendant.
Ex. XXXIV. Tierces directes.
Ex. XXXV. Secondes et tierces rapprochées.
Ex. XXXVI. Tierces de toutes espèces.
Ex. XXXVII. Pièces renfermées dans l'intervalle de tierce (Cinquième antienne des Laudes d'un Confesseur).
Serve bo-ne et fide-lis intra in
gaudi- um do-mini tu- i.
Ex. XXXVIII. Quatrième antienne des premières Vêpres de la Nativité.
Scito- te qui-a prope est regnum Dei ; a-men
dico vo- bis quia non tardabit.
Ex. XXXIX. Hymne des Vêp. de Noël.
Jesu re-demptor omnium, Quem lucis ante o- ri- ginem
Parem paternæ glo- ri-æ Pa-ter su- premus e- didit.

Ex. XL. *Première antienne du troisième nocturne des Vierges.*

Ex. XLI. Tierce prise sur le bémol (*Troisième antienne du premier dimanche de l'Avent à Vêpres*).

Ex. XLII. *Graduel de St. Étienne.*

CHAPITRE XI.

DE L'INTERVALLE DE QUARTE.

48. La quarte est l'intervalle qui se trouve au quatrième rang à partir d'un degré quelconque de l'échelle. Le plain-chant n'admet qu'une espèce de quarte, composée de deux diatons et d'un sémi-diaton. C'est celle qu'en musique on appelle quarte juste ou parfaite, quoiqu'elle soit réellement une quarte mineure. L'échelle en offre six : *UT-FA*, *RÉ-SOL*, *MI-la*, *SOL-ut*, *la-re*, *si-mi*.

49. Le plain-chant rejette la quarte exubérante composée de trois diatons et appelée *triton* par les musiciens. Cette quarte, qui ne se trouve dans l'échelle que du *FA* au *si*, est en effet difficile à entonner; on détruit sa dureté en l'altérant au moyen du bémol qui, l'abaissant d'un semi-diaton, la rend égale aux autres quartes de l'échelle.

50. Avant de donner divers exercices sur l'intonation des quartes, nous présenterons d'abord, ainsi que nous l'avons fait précédemment, des morceaux que nous prendrons pour type de cet intervalle; seulement nous n'avons à offrir pour la quarte que deux de ces types au lieu de quatre, puisque la quarte du plain-chant n'admet qu'une seule espèce. Observez que les deux termes d'une quarte, soit en descendant soit en montant, n'occupent jamais une place analogue, c'est-à-dire que si le premier terme est sur une ligne, le second est dans un espace, et réciproquement.

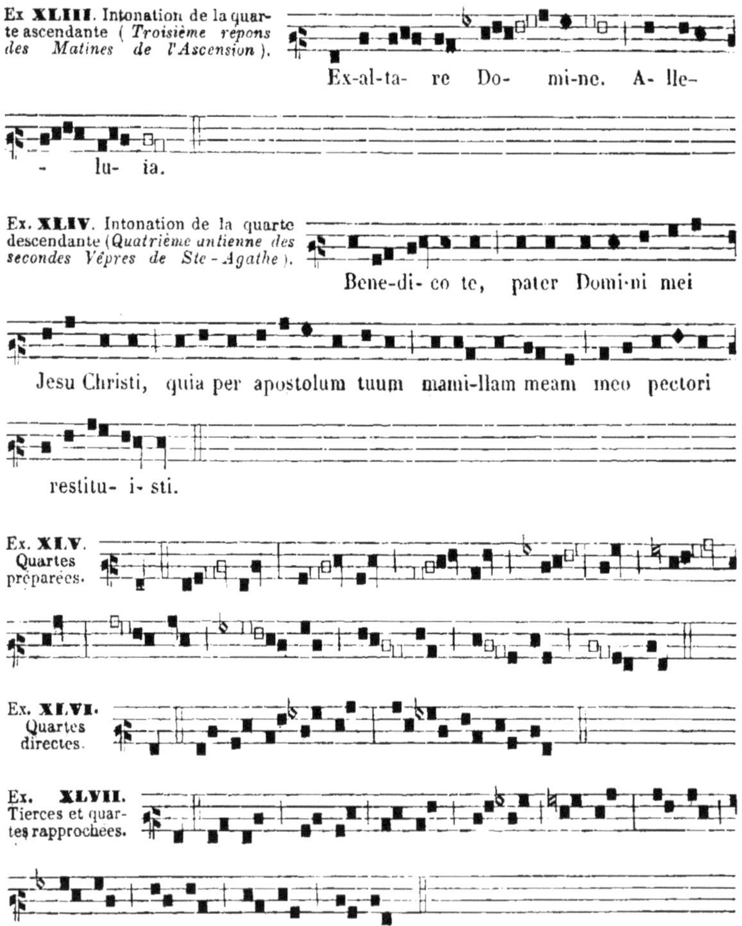

Ex. XLVIII. Exercice sur les quartes
Ex. XLIX. Pièces ne portant que l'intervalle de quarte (Première antienne des premières Vêpres de plusieurs Martyrs).
Omnes sancti quanta pas-si sunt tor-
men-ta, ut se- cu-ri pervenirent ad palmam martyri- i.
Ex. L. (Hymne du St-Esprit).
Veni cre- a-tor Spiritus, Mentes tu-o-rum vi- si-ta, Imple
superna grati-a Quæ tu cre-a-sti pe-ctora.
Ex. LI. (Introït des SS. Innocents).
Ex o- re in- fan-tium, Deus, et la- cten ti-um
per- fe- ci- sti lau- dem propter i- ni-mi- cos tu- os.
Ex. LII. (Alleluia des SS. Marc et Marcellin).
Hæc est ve- ra fraternitas quæ numquam
po-tu-it vi- o-la- ri certa- mi-ne.
Ex. LIII. Quartes prises sur le bémol (Introït du quatrième Dimanche de Carême).
Læ- ta- re Je- ru- salem et con-ventum
fa- ci-te o-mnes qui di-li- gitis e- am : gaudete cum læti-

CHAPITRE XII.

DE L'INTERVALLE DE QUINTE.

51. La quinte est l'intervalle qui court entre cinq degrés de l'échelle. Le plain-chant n'admet qu'une sorte de quinte composée de trois diatons et d'un semi-diaton. Il y en a six dans l'échelle : *UT-SOL, RÉ-la, MI-si, FA-ut, SOL-ré, la-mi.*

52. Pour l'intonation de la quinte, de même que pour celle de la quarte, il nous suffit donc de deux types mélodiques : l'un de quinte ascendante, l'autre de quinte descendante, le plain-chant n'admettant pas la distinction de cet intervalle en quintes majeure et mineure, et ne connaissant que celle qui en musique se nomme vulgairement quinte *juste*. Les exemples LIV et LV offrent à leur début la quinte ascendante et la quinte descendante, et le numéro LVI les présente dès le commencement l'une et l'autre.

Ex. **LIV.** Type de première quinte ascendante *Hymne de la Ste-Vierge*).

Ex. **LV.** Type de la quinte descendante (*Communion des SS. Cyriaque, Large et Smaragde*).

impo- nent et be- ne ha- be- bunt.
Ex. LVI. Type des deux quintes (Seconde antienne des Laudes de la Vierge, pendant l'Avent).
Ave Mari- a, grati- a plena, Dominus
te- cum, benedicta tu in mu-li- e-ribus. A- lle-luia.
Ex. LVII. Quintes préparées.
Ex. LVIII. Préparation abrégée.
Ex. LIX. Quartes et quintes rapprochées.
ou
Ex. LX. Quintes directes.
Ex. LXI. Exercice sur les quintes.
Ex. LXII. Pièces où se rencontre plusieurs fois la quinte (Antienne de Prime du second Dimanche de Carême).
Do- mi-ne, bonum est nos hic esse ;
si vis, fa-ci- a-mus hic tri-a tabe- rna-cu-la, tibi u- num Moy-
si unum et E-li- æ u- num.

Ex. **LXIII**. (*Verset du Graduel du quatrième Dimanche de Carême*).

Ex. **LXIV**. (*Verset du Graduel de la sixième férie des quatre-temps de Carême*).

53. La quinte étant, sauf de légères exceptions qui seront indiquées dans le chapitre suivant, le plus grand intervalle qu'admette le plain-chant quand il est écrit avec pureté, il est inutile d'en multiplier les exemples spéciaux. Comme tous les intervalles ont été successivement étudiés, nous pouvons regarder chacun des exemples qui se présenteront plus tard, non-seulement comme un exemple de quinte, mais comme un résumé de tous les intervalles précédents, puisqu'ils s'y montreront tous selon l'occasion. Nous allons, en attendant, les rassembler en les rapprochant continuellement les uns des autres dans l'exercice suivant :

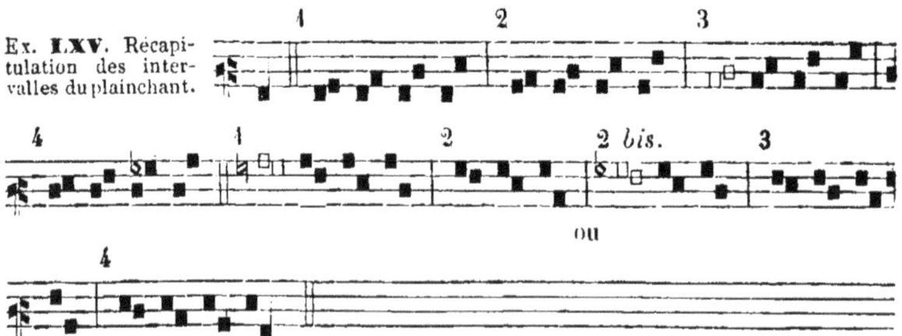

Ex. **LXV**. Récapitulation des intervalles du plainchant.

Remarquez au quatrième groupe ascendant l'apposition du bémol devant le *si* pour naturaliser la quarte, et observez qu'en descendant on est obligé, pour former le second groupe, en partant du *si*, d'avoir recours à deux formules; car en laissant le *si* dans son état naturel, on aurait une quarte trop grande ***si-FA***; il faut donc ici faire usage du bémol. D'un autre côté, si l'on conservait celui-ci on n'aurait qu'une quinte trop petite ***si ♭ - MI***, et en cette circonstance on laisse le *si* dans son état ordinaire.

54. Le plain-chant admet donc la seconde majeure et mineure, et il reçoit cette dernière, soit aux places qu'elle occupe dans l'échelle, soit à celle que peut lui donner l'emploi du bémol ; il admet également la tierce majeure et mineure, la quarte et la quinte justes. Les deux antiennes suivantes offrent la réunion de ces intervalles.

CHAPITRE XIII.

CONCLUSION DES ÉTUDES SÉMIOGRAPHIQUES. ÉTUDE SPÉCIALE DES CLÉS.

55. Nous avons étudié successivement chacun des signes particuliers dont la réunion sert à représenter les tons du plain-chant : ainsi la *portée*, les *notes*, les *clés*, le *guidon*, nous ont servi à reconnaître les *intervalles*, et à partir de ce moment l'étude de l'exécution au moyen de la voix a marché de front avec celle de la sémiographie; à l'occasion des intervalles, nous avons examiné l'effet du *bémol* et du *bécarre*, puis passé en revue les intervalles admis dans le plain-chant.

56. Revenons maintenant sur le seul point qui reste à compléter pour la sémiographie et la solmisation. Nous avons vu (13 et suiv.) quels étaient l'effet, le nom et les positions des clefs; mais dans les exercices qui ont succédé, nous n'avons fait usage que d'une seule clef et d'une seule position qui nous a pleinement suffi pour étudier tous les intervalles. Pour l'instruction et l'habitude qu'il nous faut encore acquérir, la lecture des deux clefs dans chacune de leurs positions est indispensable. Nous continuerons, comme par le passé, à nommer les notes sans nous inquiéter des paroles, et à leur donner à toutes une durée égale, en observant seulement les repos nécessaires pour reprendre haleine. Il est aussi fort utile dans l'exécution, pour se rendre bien compte de l'effet des clés, de chanter une première fois au moins l'étendue de cette clé au degré véritable qu'elle occupe dans l'échelle générale : on chante ensuite au degré auquel la voix ou les voix qui étudient s'adaptent le mieux.

57. Nous avons vu (16) que la clé de *FA*, outre la position que nous lui avons donnée dans tous les exemples précédents, pouvait aussi se trouver sur la troisième ligne; son étendue est alors du *LA* inférieur au *si* aigu :

Elle embrasse par conséquent les neuf premières notes de l'échelle générale et sert pour les pièces dont la mélodie demeure fixée dans les sons graves.

58. La clé d'*ut* a, comme on l'a vu (28), deux positions : dans l'une, elle se trouve précisément à la quinte au-dessus de la clef que nous venons d'étudier, et occupe les neuf degrés de l'échelle générale, du cinquième au treizième.

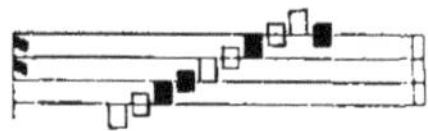

Elle sert par conséquent, ainsi que la clef de *FA* sur la seconde ligne, pour les pièces dont la mélodie se renferme dans les sons moyens en s'étendant un peu plus vers le haut, tandis que la clef de *FA* sur la seconde ligne tend au contraire vers le grave.

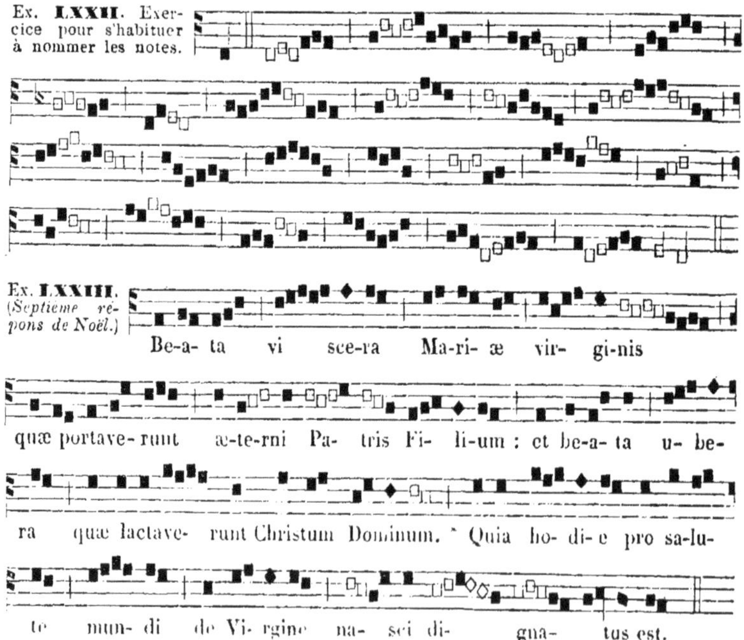

59. La seconde position de la clé d'*ut* est sur la deuxième ligne; elle embrasse alors les neuf degrés supérieurs de l'échelle générale.

Elle sert en conséquence pour les mélodies écrites dans les tons les plus aigus.

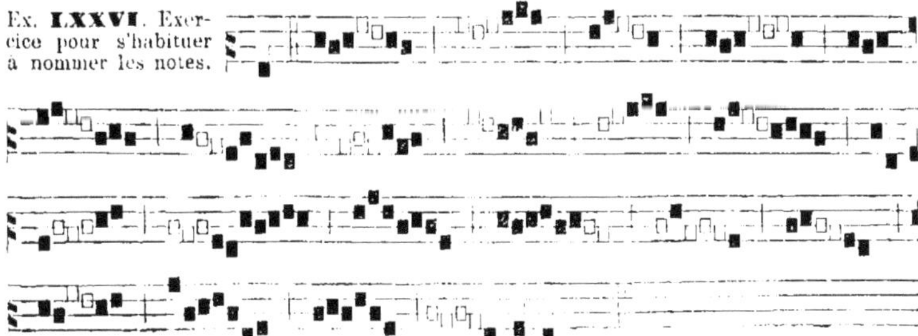

60. Nous avons dit (21) que l'un des moyens d'exprimer le chant, lorsqu'il s'étendait au delà de la portée de quatre lignes, était de substituer à la clé initiale une autre clé ou une autre position de clé, selon l'exigence des cas, et que le nouvel état de choses durait jusqu'à ce que la réapparition de la clé primitive remît tout dans la première situation. Cette circonstance, que nous n'avons fait que mentionner, mérite que nous nous y arrêtions un instant.

La portée ordinaire de quatre lignes, quelle que soit d'ailleurs la clé qui se trouve en tête, fournit la place de neuf degrés, savoir : les quatre lignes, les trois espaces et les deux places libres, l'une au-dessous de la première ligne, l'autre au-dessus de la dernière. Par conséquent, si une pièce de plain-chant dépasse l'étendue de neuf degrés, la portée simple n'offre plus aucune ressource pour l'excédant, soit au grave soit à l'aigu. Jusqu'à présent nous y avons remédié quand l'occasion s'est présentée au moyen des lignes *supplémentaires* (20); cette manière n'a pas d'inconvénient d'abord si l'on n'a qu'une seule ligne à représenter (et il en est ainsi dans le plus grand nombre de cas), et en second lieu si le passage placé ainsi au delà de la portée ne se prolonge pas trop longtemps; car s'il se prolonge, la vue s'embrouille et ne distingue plus la ligne additionnelle de celles qui appartiennent de droit à la portée. Beaucoup de livres ont été imprimés d'après le procédé des lignes supplémentaires qui, en effet, paraît le plus favorable pour l'exécution.

61. D'autres éditions n'admettent point de lignes additionnelles, et lorsqu'il y aurait lieu de sortir de la portée pour exprimer les degrés qui la dépassent, on change la clef, en sorte que tout le système se trouve exhaussé ou abaissé ordinairement de deux degrés, et cette disposition se continue jusqu'à ce que l'apposition d'une clé nouvelle vienne indiquer un changement ou un retour à l'état primitif. Ce système nous semble offrir plus d'inconvénients que celui des lignes supplémentaires. Il n'en est pas moins indispensable de l'étudier, si l'on veut lire quantité d'imprimés et de manuscrits disposés de la sorte. Ces changements de clé font habituellement varier d'une tierce la position des notes, en sorte que les clés se succèdent :

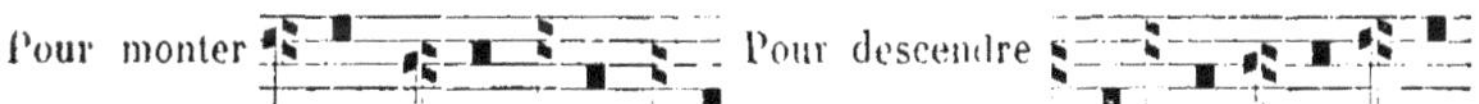

Quand on conserve la même clé avec une variété de position, c'est un *transport;* quand on met une autre clé, c'est un *changement.* Dans les deux portées ci-dessus, le *SOL* est toujours le même aux quatre positions; mais à la première il a deux degrés au-dessus de lui et six au-dessous; dans la seconde, il est au milieu avec quatre degrés au-dessus et autant au-dessous; à la troisième, il en a six au dessus et deux au-dessous; enfin à la quatrième, huit degrés sont au-dessus de lui et aucun n'est au-dessous.

62. Dans les pièces où il est fait usage du changement de clef, on ne saurait trop faire attention au guidon (22) placé à la fin des portées et qui indique, comme on le sait, quelle sera la première note de la portée suivante. En effet, la substitution de clé survenant inopinément au bout de la ligne, il est très-facile de ne pas apercevoir tout d'abord le changement de position qui a eu lieu et de chanter comme si la position que l'on quitte n'avait pas varié. Le guidon désignant sans ambiguïté la note initiale de la portée prochaine lève à cet égard tout embarras. Il importe donc que l'œil ne le néglige pas au moment où, quittant les dernières notes d'une portée, il embrasse presque en même temps les premières de la portée subséquente.

63. Les exemples suivants mettront parfaitement au courant des changements de clés, qui ne sont qu'une difficulté légère, quand l'habitude en est acquise. Comme il s'agissait ici de pièces d'étude, nous avons à chaque instant fait usage de substitutions qui dans l'usage ordinaire ne seraient pas aussi fréquemment employées.

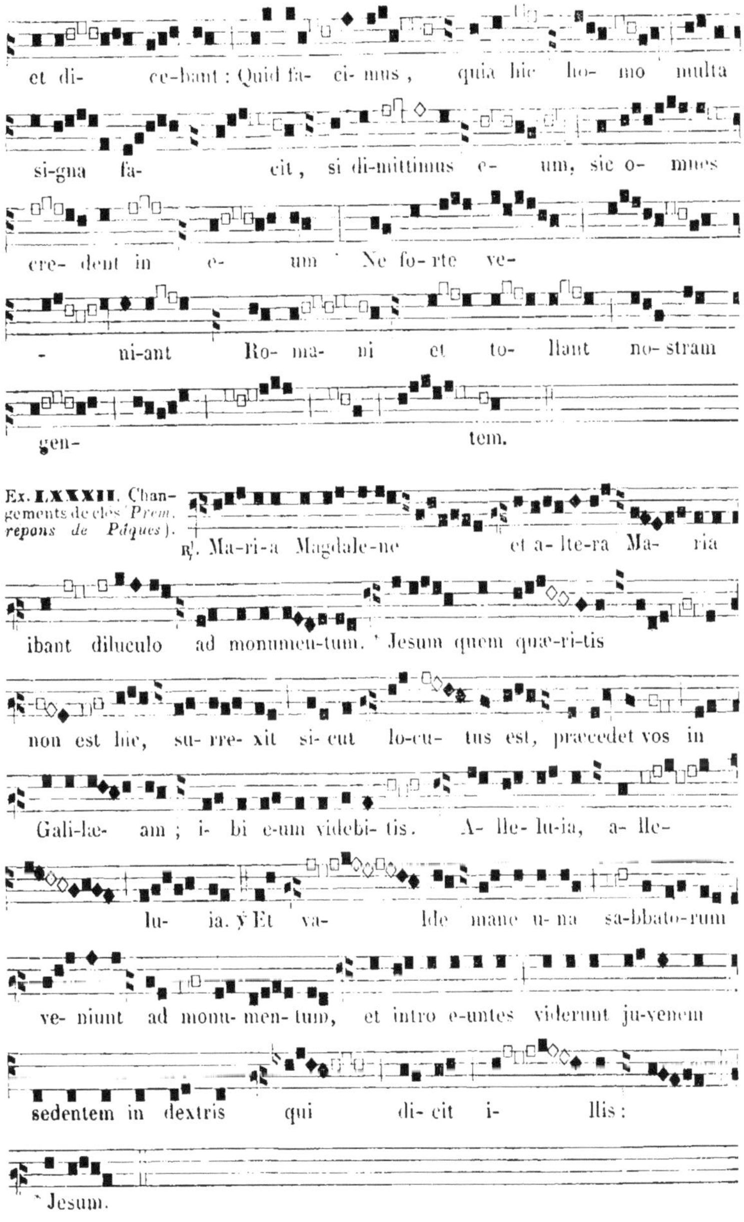

Ex. LXXXII. (Changements de clés (*Prem. repons de Pâques*).

CHAPITRE XIV.

DES MODES, DE LEUR CONSTITUTION ET DE LEURS VARIÉTÉS.

---

64. Aucune difficulté de notation ne pouvant plus désormais nous arrêter, nous allons étudier ce qui constitue plus précisément le caractère du plain-chant, ce qui le distingue et le différencie le plus de la musique actuelle.

On a vu (4 et suiv.) que toute composition de plain-chant était nécessairement prise sur une étendue de quinze degrés. Dès le commencement de cet ouvrage, et en traitant de la portée (11) et des clés (14 et suiv.) on a exposé sommairement comment ce fait avait lieu. Or, comme l'on n'emploie jamais dans une même mélodie la totalité des quinze degrés de l'échelle générale, la série de degrés empruntée à celle-ci amène plusieurs circonstances particulières et donne naissance à des échelles partielles, qu'on appelle *modes* ou *tons*. La diversité des pièces de plain-chant naît principalement de la différence du mode, autrement de l'échelle partielle, dans lequel elles sont écrites.

65. Le mot mode signifie en général *manière d'être*; il indique ici un état, une ordonnance de tons, ou degrés vocaux, disposés respectivement à l'un d'entre eux pris pour base et dépendant ainsi les uns des autres. Telle est la série UT RÉ MI FA SOL LA SI UT, qui a servi de fondement à nos études de lecture musicale. Maintenant il est aisé de concevoir qu'au lieu d'établir la mélodie sur les huit degrés précédents, on peut tout aussi bien la prendre sur huit autres.

66. D'après ce principe, on aurait évidemment sept échelles partielles ou séries différentes les unes des autres quant à leur ordonnance tonale; car dans aucune des sept les deux intervalles de seconde mineure ne se trouveraient à la même place, comme le démontre le tableau suivant, qui doit être lu de bas en haut. Il rappelle la disposition d'un double *escalier vocal* (34) sur lequel on partirait successivement de chaque degré pour en parcourir huit.

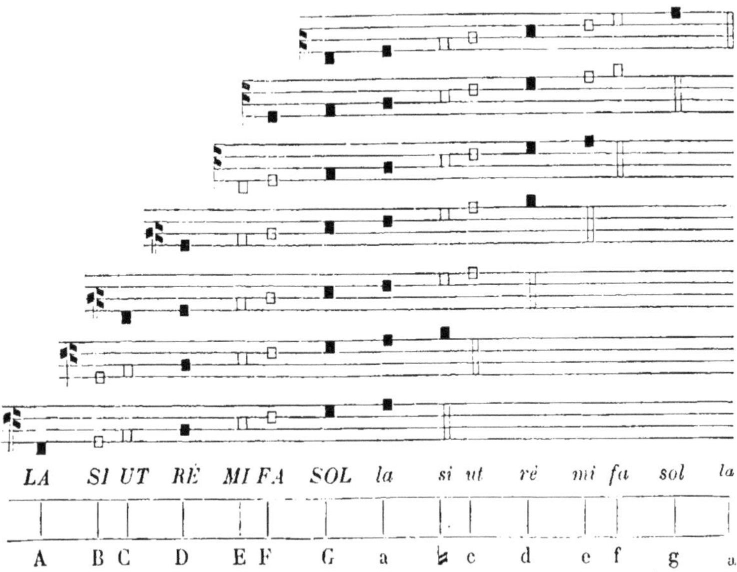

67. Dans tout mode, six degrés sont surtout à considérer, et l'on a nommé les notes qui correspondent à ces degrés notes *modales*, parce qu'elles caractérisent le mode; *naturelles* ou *principales*, parce qu'elles lui servent de base; et *cardinales*, parce que la mélodie *roule*[1] particulièrement sur elles. Ce sont :

1° La *finale*, ou note qui termine le morceau.

2° et 3° Les deux notes extrêmes de l'octave dans laquelle est renfermé le mode.

4° La *teneur*, *dominante*, ou *corde chorale*, qui joue un rôle extrêmement important, puisque c'est autour d'elle que dans chacun des modes se développe la mélodie à laquelle elle sert comme de point de rappel; c'est vraiment elle qui imprime à chaque mode son véritable sens; c'est d'elle qu'il reçoit toute sa vigueur, en sorte qu'une pièce qui ne toucherait pas de temps à autre la corde de *teneur* n'aurait point de mode caractérisé. Son premier nom lui vient de ce qu'elle *tient* le degré auquel on revient le plus souvent,

[1] *Cardo*, gond de porte.

et c'est dans le même sens qu'on l'appelle *dominante*; enfin elle prend le nom de *corde chorale*, parce que l'on base le ton du chœur sur la place qu'occupe cette note, pour laquelle dans tout le cours des morceaux, la finale semble avoir une tendance et une prédilection qu'elle n'a point à l'égard des autres.

5° La *médiane* ou *médiante*, que l'on a mal à propos confondue avec la *discrétive*, est la tierce de la finale et caractérise dans la musique moderne ce que l'on nomme la *majorité* ou la *minorité* du mode, selon qu'elle est *majeure* ou *mineure*. Elle joue un rôle analogue dans le plain-chant.

6° La *discrétive*[1] ou note qui *sépare* l'octave du mode en deux parties inégales.

68. Les indications qui viennent d'être données étaient nécessaires pour se rendre compte de la nature d'autres modes, qui, bien que pris sur les mêmes échelles, sont envisagés sous un point de vue différent. Dans ceux qui viennent d'être énumérés (66), la finale occupe le degré inférieur de l'échelle sur laquelle se déroule la mélodie, et par conséquent les deux notes extrêmes sont cette finale même et son octave. Si maintenant nous reprenons les sept échelles précédentes, en changeant la place de la finale, de telle sorte que l'octave se forme au moyen d'une quarte au-dessous de ladite finale et d'une quinte au-dessus, il en résultera sept nouvelles échelles qui, pareilles aux précédentes quant à la situation des semi-diatons, peuvent en différer très-notablement quant à la tournure mélodique, en raison de la position des notes principales (67) qui ne sera plus la même. D'après ce principe, les échelles des modes ci-dessus ayant leur finale sur la première note fondamentale ou extrême inférieure du mode, les autres formeront leur octave à partir d'une quarte au-dessous de cette même finale, ainsi qu'on le voit ci-dessous :

Degrés extrêmes de l'échelle des sept 1ers modes,	la	si	ut	ré	mi	fa	sol
Degrés extrêmes de l'échelle des sept autres . .	*mi*	*fa*	*sol*	*la*	*si*	*ut*	*ré*
Finale commune.	*LA*	*SI*	*UT*	*RÉ*	*MI*	*FA*	*SOL*

69. Les modes dans lesquels l'échelle se forme, à partir de la finale, s'appellent modes *authentes* ou *authentiques*, *impairs*, *primitifs*,

[1] *Discretus*, séparé en deux; *discretivus*, qui sépare en deux

principaux, *maîtres*, ou enfin *supérieurs*. Ceux qui prennent leur octave à partir de la quarte au-dessous de la finale se nomment *plagaux*[1] ou *collatéraux*, *pairs*, *secondaires*, *disciples* ou *valets*, ou enfin *inférieurs*. Les deux dernières dénominations étant au fond les seules qui aient une signification réelle et possèdent l'avantage précieux de définir l'objet qu'elles désignent, elles seront aussi les seules dont nous ferons usage dans ce traité.

70. La disposition de la finale dans les deux espèces de modes amène, pour l'échelle de chaque espèce, une division particulière qui partage l'octave en deux parties inégales, la *discrétive* servant en quelque sorte de point d'appui commun à l'une et à l'autre des portions provenant de cette division.

Dans les modes supérieurs, le partage se fait à la quinte de la finale, qui est la note commune aux deux parts, en sorte que la première soit d'une quinte et la seconde d'une quarte. Dans les modes inférieurs, la division a lieu sur la finale elle-même, en sorte que la première part est d'une quarte et la seconde d'une quinte. Le rapport du point de division avec les deux extrêmes doit toujours être exact; par conséquent dans l'un et l'autre cas la division ne peut avoir lieu ni sur un intervalle imparfait, ni sur un intervalle exubérant; aussi le mode *supérieur* partant du *si* et le mode *inférieur* partant du *FA* ont-ils été rejetés, car dans l'échelle

si ut ré mi fa sol la si

divisée à la manière des modes supérieurs, l'intervalle de *si* à *fa* est une quinte imparfaite, et dans la gamme

***FA SOL** la si ut ré mi fa*

divisée à la manière des modes inférieurs, l'intervalle de ***FA*** à *si* est une quarte exubérante. La division des modes supérieurs s'appelle division *harmonique*, et celle des modes inférieurs division *arithmétique*. Nous rappellerons, en parlant de chaque mode, la division qui lui est propre, et dont l'utilité dans la pratique n'est pas fort considérable, mais qu'il est cependant toujours bon de connaître.

71. Une autre division bien plus essentielle est celle dont nous

[1] Du mot grec πλάγιος (*plagios*), oblique, détourné.

avons déjà parlé (35) et qui partage l'échelle de chaque mode en deux tétracordes disjoints, c'est-à-dire n'ayant pas un point commun de division ; dans certains modes ces deux tétracordes sont semblables quant à la position des semi-diatons ; ils diffèrent dans les autres, et cette diversité est une des causes qui marquent précisément le caractère particulier de chaque mode. Les indications nécessaires à cet égard seront également données en tête des chapitres concernant chacun des modes.

72. Dans l'usage ordinaire on n'emploie que huit de ces modes : quatre supérieurs et quatre inférieurs, subordonnés les uns et les autres aux quatres finales *RÉ MI FA SOL*, et marchant deux à deux comme il suit :

1er mode sup.				RÉ	mi	fa	sol	*la*	si	ut	ré.			
2e mode inf.	la	si	ut	RÉ	mi	*fa*	sol	la.						
3e mode sup.					MI	fa	sol	la	si	*ut*	ré	mi.		
4e mode inf.		si	ut	ré	MI	fa	sol	*la*	si.					
5e mode sup.						FA	sol	la	si	*ut*	ré	mi	fa.	
6e mode inf.			ut	ré	mi	FA	sol	*la*	si	ut.				
7e mode sup.							SOL	la	si	ut	*ré*	mi	fa	sol.
8e mode inf.				ré	mi	fa	SOL	la	si	*ut*	ré.			

Dans ce tableau, nous avons marqué les finales en capitales; la note indiquée en italique est la teneur (67), dont nous reparlerons en traitant de chaque mode en particulier. Bornons-nous pour le présent à faire observer que pour les modes supérieurs cette dominante est à la quinte de la finale, excepté dans le troisième où elle est à la sixte, et que dans les modes inférieurs, elle est à la tierce dans les deuxième et sixième et à la quarte dans les deux autres. La médiane étant toujours la tierce de la finale (67), tant pour les modes supérieurs que pour les inférieurs, cette tierce dans les quatre premiers modes est *mineure*, c'est-à-dire composée d'un diaton et d'un semi-diaton, et dans les quatre autres *majeure*, c'est-à-dire composée de deux diatons.

CHAPITRE XV.

DU PREMIER MODE.

---

73. Le premier mode occupe ce rang et comme premier de la série et comme premier des modes supérieurs. Il prend son étendue à partir du *RÉ* quatrième degré de l'échelle générale et s'écrit sur la clé de *FA* seconde ligne, ou ce qui est la même chose sur la clé d'*ut* quatrième ligne :

Premier tétracorde. Disjonction. Second tétracorde.

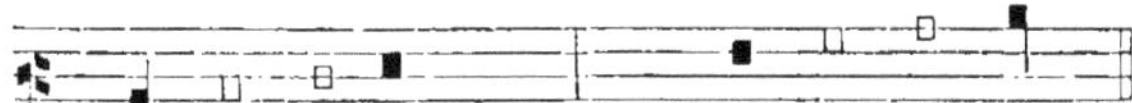

Dans les deux tétracordes dont se compose cette échelle, le semi-diaton se trouve au milieu des quatre degrés.

On a nommé quelquefois le premier mode *dorien*, comme correspondant au mode auquel les anciens Grecs donnaient ce nom dans le genre diatonique; et il est certain que son échelle est la même que celle du premier mode de la musique ecclésiastique des Grecs modernes.

74. Le premier mode étant supérieur, a pour finale la note la plus grave de son échelle, c'est-à-dire le *RÉ*, qui, avec son octave, fournit les deux notes extrêmes; soumis à la division harmonique (70), sa discrétive est *la*, quinte de sa finale, et ce même *la* est aussi sa teneur ou dominante; sa médiane est *FA*, tierce mineure de la finale, ce qui, quant à son caractère général, rapproche le premier mode du plain-chant de ceux que dans la musique moderne on appelle *mineurs* et plus spécialement de notre mode de *ré mineur*. Cette ressemblance est d'autant plus marquée que le premier mode admet l'usage fréquent du ♭ sur le *si*.

105. Les exemples suivants offriront l'application de tous les principes ci-dessus énoncés.

Ex. **LXXXIII**. Mélodie renfermée dans la quinte de la finale (*Cinquième antienne du samedi à Vêpres*).

Ex. LXXXIV. Mélodie plus étendue, également renfermée dans la quinte de la finale (*Procession du troisième Dimanche d'Août*).

Ex. LXXXV. Étendue de sixte au-dessus de la finale (*Septième rép. de St-Michel*).

Ex. LXXXVI. Étendue de septime au-dessus de la finale (*Communion de la veille de Noël*).

Ex. LXXXVII. Oct. du mode (*Introït du samedi après le second Dimanche de Carême.*)

CHAPITRE XVI.

DU DEUXIÈME MODE.

76. Le deuxième mode, plagal ou collatéral, c'est-à-dire inférieur du premier, prend son étendue sur l'échelle générale, à partir du *LA* premier degré de tout le système jusqu'à son octave : ses notes extrêmes sont donc *LA-la*, et il est le plus grave de tous les modes. Sa clé est celle de *FA* sur la troisième ligne.

Premier tétracorde. Disjonction. Second tétracorde.

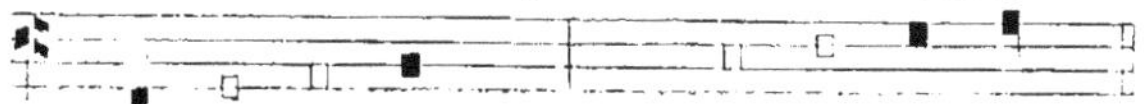

Dans son premier tétracorde le semi-diaton se trouve au milieu des quatre degrés, de même que dans le premier mode; dans le second, il se montre du premier au second degré. Le deuxième mode correspond à celui que les Grecs modernes appellent *plagal* du premier, et, si l'on veut, à l'*hypodorien* des Grecs anciens.

77. La finale du deuxième mode, qui est aussi sa discrétive, est la même que celle du mode supérieur correspondant, ou premier mode, c'est-à-dire *RÉ* quatrième degré de l'échelle générale, au-dessous de laquelle il descend de trois degrés, et au-dessus de laquelle il monte de quatre. Sa teneur, dominante ou corde chorale est le *FA* tierce mineure de sa finale, lequel *FA* est en même temps sa médiane. La tierce de l'extrême grave étant également mineure, l'échelle du deuxième mode est précisément la même que l'échelle naturelle du mode mineur moderne qui se forme aussi de *LA* en *la*; mais dans celle-ci c'est l'un ou l'autre *la* qui est finale, tandis que dans le deuxième mode du plain-chant c'est toujours le *RÉ*. Dans ce mode, il est à remarquer que l'on ne fait aucun usage du *SI*, seconde note de l'octave.

78. Les exemples suivants offriront le deuxième mode pris sous tous les aspects.

Ex. **XC.** Mélodie renfermée dans les quatre degrés centraux de l'octave du mode (*Seconde antienne du mercredi à Vêpres*).

Ex. **XCI.** Étendue de quinte prise du troisième au septième degré de l'octave (*Première antienne du mercredi à Vêpres*).

Ex. **XCII.** Étendue de sixte, prise du troisième au septième degré (*Communion du cinquième Dimanche après la Pentecôte*).

Ex. **XCIII**. Étendue de septime prise du prem. au septième degré (*Antienne de None du Dimanche de la Passion*).

Ex. **XCIV**. Même étendue (*Deuxième répons de la Commémoration de St-Paul*).

Ex. **XCV**. Étendue d'octave (*Septième répons d'un Confesseur-Pontife*).

Ex. **XCVI**. Mélodie dépassant l'octave d'un semi-diaton (*Deuxième répons de l'Épiphanie*).

CHAPITRE XVII.

DU TROISIÈME MODE.

79. Le troisième mode est supérieur; il tire son étendue de l'échelle générale à partir du *MI* cinquième degré jusqu'à son octave; ses deux notes extrêmes sont donc *MI-mi* cinquième octave du système. Il s'écrit sur la clef d'*UT* troisième ligne, quelquefois sur la clef de *FA* deuxième ligne.

Premier tétracorde. Disjonction. Second tétracorde.

Dans les deux tétracordes dont se compose cette octave, le semi-diaton se trouve du premier au second degré. Il correspond au deuxième mode des Grecs modernes, et on l'a rapporté au mode *phrygien* des anciens.

80. Le troisième mode a sa finale sur la note inférieure de son octave; sa discrétive est sur la quinte et sa teneur sur la sixte de cette finale, c'est-à-dire sur le second *ut* de l'échelle générale. Il est le seul qui soit dans ce cas, et la raison qui l'empêche d'avoir, comme les autres modes supérieurs, la quinte pour dominante, est facile à comprendre. La teneur devant être nécessairement une note fixe et invariable, si l'on eût adopté le *si* quinte de *MI*, on tombait sur un degré susceptible d'être altéré par le bémol, qui eût été par rapport au *MI* une quinte imparfaite (63); en conséquence on lui a substitué la note qui suit immédiatement la quinte, et n'en est éloignée que d'un semi-diaton. La médiane ou tierce de la finale étant mineure, ainsi que la sixte, ce mode se rapporte au mode mineur de la musique, mais seulement sous le point de vue qui vient d'être indiqué; ce n'est donc qu'un rapport très-imparfait; aussi a-t-on imaginé avec raison, pour classer musicalement ce mode et son inférieur, la dénomination de mode *minime*, qui n'a cependant point été généralement admise.

81. Les exemples suivants sont choisis parmi les plus belles pièces du troisième mode.

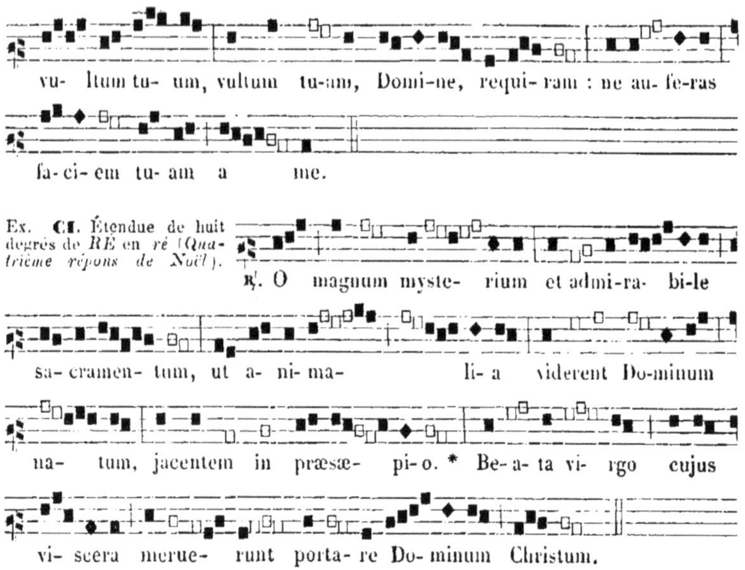

CHAPITRE XVIII.

DU QUATRIÈME MODE.

82. Le quatrième mode est plagal ou collatéral, c'est-à-dire inférieur du troisième, dont il a la finale. Il occupe le second rang dans les octaves tirées de l'échelle générale. Son étendue est de *SI* en *si* ; on l'écrit communément sur la clef de *FA* troisième ligne, mais comme il se porte rarement vers les notes graves, il peut également s'écrire sur d'autres clés.

Premier tétracorde. Disjonction. Second tétracorde.

Son premier tétracorde ressemble à celui du troisième mode ayant d'abord le semi-diaton, puis deux diatons ; mais le second, composé d'une manière toute différente, n'a pas de semi-diaton. Il ne s'en suivrait pas que cette échelle n'eût pas, comme toutes les autres, un deuxième semi-diaton; seulement celui-ci se trouve précisément au point de disjonction des deux tétracordes. Dans l'usage cependant un seul semi-diaton est réellement employé, par suite de l'inertie du premier degré de l'échelle, qui, de même que dans le deuxième mode, n'entre jamais dans la composition, et qui, pour le plain-chant, n'existe véritablement qu'en théorie. Le troisième mode correspond au plagal du second mode des Grecs modernes, et on l'a rapporté au mode *hypophrygien* des Anciens.

83. Le quatrième mode a sa finale et sa discrétive sur le *MI*, quarte de sa note fondamentale; sa teneur ou dominante est le *la*, quarte de cette même finale; sa médiane est mineure et rapproche ce mode des modes mineurs de la musique, ou plus exactement du mode *minime* (112). On évite en général d'y faire aucun usage du *SI*, première note de l'octave, parce que cette note forme avec le *FA* une quinte imparfaite à laquelle on ne pourrait remédier, puisque le premier *SI* de l'échelle générale n'admet point l'altération au moyen du bémol.

84. Voici plusieurs exemples du quatrième mode :

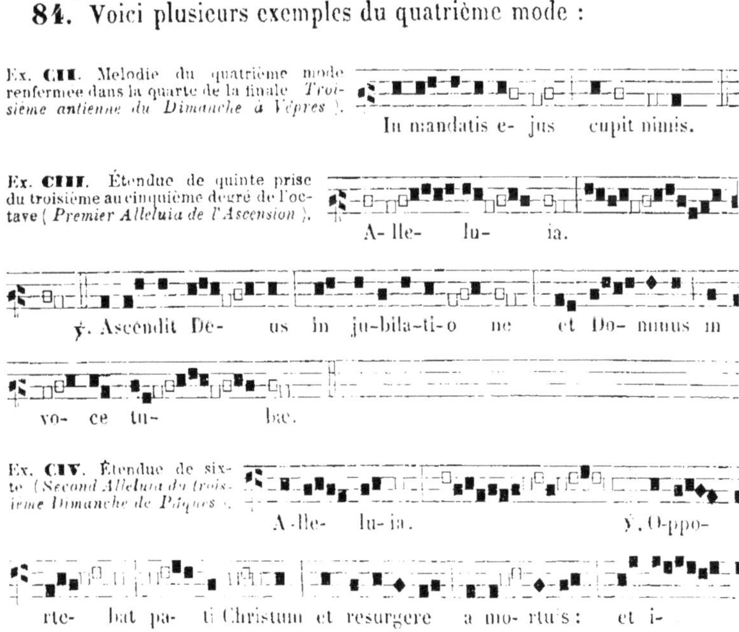

CHAPITRE XIX.

DU CINQUIÈME MODE.

85. La sixième octave de l'échelle générale, c'est-à-dire celle qui part du sixième degré et s'étend de *FA* en *fa*, sert pour le cinquième mode, qui est supérieur et s'écrit sur la clef d'*ut* troisième ligne.

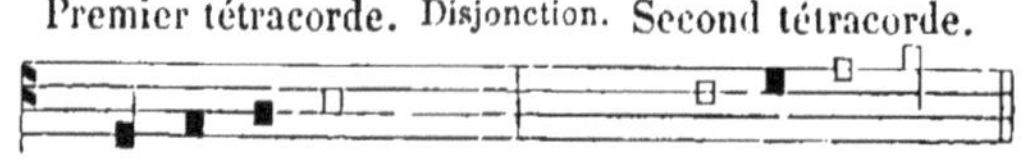

Son premier tétracorde forme trois diatons entre ses deux extrêmes, et, comme cette intonation est fort dure, toutes les fois que, dans une mélodie, il y a entre le *FA* et le *si* rapport direct ou indirect, on fait disparaître cette âpreté au moyen du bémol ; le premier tétracorde devient alors semblable au second, et se compose de deux diatons, suivis d'un semi-diaton. Il correspond au deuxième mode des Grecs modernes, que l'on suppose être le même que l'ancien mode *lydien*.

86. Le cinquième mode a sa finale sur *FA* et sa teneur ou dominante sur *ut*, quinte de cette finale et discrétive de l'octave. Sa médiane *la*, tierce de la finale, étant majeure, lui donne le caractère qui, dans la musique moderne, appartient au mode ainsi qualifié. Lorsque le ♭ est à la clef, l'échelle devient toute semblable à celle d'*UT*, qui nous a servi pour l'étude des éléments.

87. En exécutant les exemples suivants, on se pénétrera de tout ce qui, dans le cinquième mode, mérite d'être particulièrement observé.

Ex. CX. Octave du mode (*Quatrième répons de l'Épiphanie*).

Ex. CXI. Tierce au-dessous de la finale avec étendue de sixte au-dessus (*Grad. de la Dédicace*).

CHAPITRE XX.

DU SIXIÈME MODE.

88. Le sixième mode inférieur du cinquième, prend son octave sur l'échelle générale d'*UT* en *ut*, à partir du troisième degré. Il s'écrit sur la clef de *fa*, seconde ligne.

Premier tétracorde. Disjonction. Second tétracorde.

Ses deux tétracordes sont semblables et formés d'une succession de deux diatons et un semi-diaton. Il ressemble par conséquent à la gamme majeure d'aujourd'hui. Il est le plagal du deuxième mode des Grecs modernes et a souvent été rapporté à l'ancien *hypolydien*.

89. La finale du sixième mode est aussi sa discrétive ; sa teneur ou dominante *la*, tierce de sa finale, est à la fois sa médiane. Il est le second mode inférieur qui soit dans ce cas ; mais ici la tierce est majeure, en sorte que le mode qui nous occupe n'a aucun rapport avec le deuxième, qui a pour dominante la tierce mineure. Il est facile, à l'égard du sixième mode, de déterminer la cause de cette préférence. Nous avons vu (120) que le troisième mode ne trouvant à sa quinte, qui eût été sa teneur naturelle, qu'un intervalle imparfait, cherchait cette teneur au-dessus de ladite quinte et la fixait à la sixte. De même, les modes inférieurs ne pouvant avoir leur dominante à la quinte, parce qu'alors ils deviendraient semblables aux supérieurs, la prennent naturellement à la quarte : le sixième mode trouvant à ce degré, non une quarte ordinaire mais un triton, cherche sa teneur au-dessous, de même que le troisième mode l'avait cherchée au-dessus de sa quinte. On aurait pu, dira-t-on peut-être, régulariser la quarte au moyen du bémol : sans doute, mais on pouvait aussi altérer celui-ci au moyen du bécarre, puisque le *si* quarte du *FA* est une note essentiellement variable ; or la teneur, dominante ou corde chorale d'un mode, devant essentiellement aussi être une note fixe et inaltérable, on a dû la choisir sur un autre degré et l'on ne pouvait la prendre ailleurs que sur la tierce de la finale. Cette tierce, qui sert aussi de médiane, étant ici majeure, le sixième mode se rapporte à nos modes majeurs modernes. C'est aussi pour cette raison que, bien qu'ayant *la* pour dominante, ainsi que le premier mode, il ne saurait jamais se confondre avec celui-ci.

90. Ceux de nos lecteurs qui possèdent quelques notions musicales auront remarqué dans les exemples du cinquième mode cette affinité avec les modes majeurs modernes, elle paraîtra plus frappante encore dans ceux du sixième mode.

Ex. CXII. Mélodie du sixième mode renfermée dans la quinte de la finale (*Introït des Morts*).

Ex. CXIII. Mélodie embrassant la sixte de l'échelle (*Communion du jeudi après le quatrième Dimanche de Carême*).

Ex. **CXIV**. Étendue de septime de RÉ en *ut* (*Communion du lundi de Pâques*).

Ex. **CXV**. Étendue de septime d'UT en *si bémol* (*Benedictus du quatrième Dimanche après l'Épiphanie*).

Ex. **CXVI**. Étendue de l'échelle (*Communion de Ste-Anne*).

Ex. **CXVII**. Octave dépassée d'un degré dans le haut (*Communion du vendredi des Cendres*).

CHAPITRE XXI.

DU SEPTIÈME MODE.

91. Le septième mode est supérieur et prend son étendue sur l'échelle générale à partir du septième degré, de *SOL* en *sol;* il s'écrit sur la clef d'*ut* seconde ligne, mais dans les morceaux où le chant ne monte pas, on fait aussi usage de la clef d'*ut* troisième ligne.

Premier tétracorde. Disjonction. Second tétracorde.

Dans le premier tétracorde, le semi-diaton est du troisième au quatrième degré; dans le second, il est du second au troisième. Cette échelle correspond au quatrième mode des Grecs modernes et on l'a supposée la même que celle du *mixolydien* des Anciens.

92. La finale du septième mode est *SOL;* sa teneur ou dominante est la quinte de sa finale, *ré*, qui est aussi sa discrétive. Sa médiane étant la tierce majeure, le rapproche, quant au premier tétracorde, des modes majeurs modernes, mais au second tétracorde, il s'en écarte visiblement par la septime qui étant mineure ne fournit pas de note sensible et amène des tournures et modulations qui ne peuvent entrer dans les habitudes musicales d'aujourd'hui.

93. On verra dans les exemples qui vont suivre les principales formes mélodiques de ce nom.

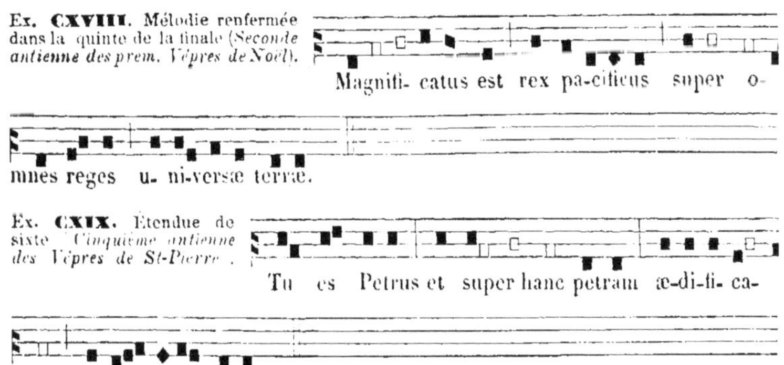

Ex. **CXVIII.** Mélodie renfermée dans la quinte de la finale (*Seconde antienne des prem. Vêpres de Noël*).

Ex. **CXIX.** Étendue de sixte (*Cinquième antienne des Vêpres de St-Pierre*).

Ex. CXX. Etendue de septime (*Offertoire d'un Martyr. Temps pascal*).
Con- fite- buntur cœ- li mirabi- li- a tu-
a, Do- mi-ne et ve-ri-tatem tu- am in e- ccle-si- a san-
cto- rum. A- lle- lu- ia, a- lle- lu- ia.
Ex. CXXI. Octave du mode (*Graduel du premier mardi de Carême*).
Di- ri-ga- tur o- ra- ti-o me- a
si cut in-censum in con- spectu tu- o, Do- mine.
Ex. CXXII. Octave du mode dépassée d'un degré au grave (*Premier alleluia du Dimanche de Quasimodo*).
A- llelu- ia.
℣. In di- e resurrecti- o-nis me- æ, dicit Dominus, præ- ce-
- dam vos in Ga-li-læ- am.
Ex. CXXIII. Étendue de sixte prise de FA en ré (*Premier rép. de la Purification*).
℟. A- do-rna thalamum tu- um Si- on, et
suscipe re- gem Chri-stum * Quem vi- rgo conce- pit, vi-rgo pe-
- perit, virgo post pa- rtum quem ge- nuit
a- do- ra- vit.

CHAPITRE XXII.

DU HUITIÈME MODE.

94. Le huitième mode, inférieur du septième, prend son octave à partir du quatrième degré de l'échelle de *RE* en *ré* et, comme le premier, il s'écrit habituellement sur la clef de *FA* seconde ligne.

Premier tétracorde. Disjonction. Second tétracorde.

Ses deux tétracordes sont semblables et le semi-diaton s'y trouve au milieu des deux diatons. Il correspond au plagal du quatrième mode des Grecs modernes et on l'a rapproché de l'*hypomixolydien* des Anciens.

95. La finale du huitième mode est *SOL*, comme pour le mode supérieur mais ici elle est de plus la discrétive ; sa teneur est *ut*, quarte de la finale, et sa médiane *si*, tierce majeure de la même finale. On voit, dès lors, toutes les différences qui le distinguent du premier, dont la finale est *RÉ*, la teneur et discrétive *la* à la quinte, et la médiane *FA* à la tierce mineure. Dans le huitième mode, comme dans le septième, la tierce de la finale, qui est majeure, lui donne un air de ressemblance avec nos modes majeurs actuels ; mais cette ressemblance est à tout moment contrariée par la présence du *FA* naturel. Cette dernière note amène l'emploi du ♭ pour l'évitation du triton, mais seulement pour cette circonstance, ainsi que dans le septième mode (152).

96. On verra dans les exemples suivants que le huitième mode, ainsi que les autres modes inférieurs, montre peu de tendance vers la note grave de son échelle, et dans le plus grand nombre de pièces il ne s'en approche même pas, se contentant de faire entendre de temps à autre le *FA* tierce mineure de l'échelle et degré inférieur de la finale.

Ex. **CXXIV**. Mélodie du huitième mode renfermée dans la quarte de la finale. (*Cinquième ant. du Vendredi à Vêpres*).

Ex. **CXXV**. Étendue de quinte prise de FA en *ut* (*Troisième ant. du second Nocturne de Noël*).

Ex. **CXXVI**. Étendue de quinte prise de SOL en *ré* (*Alleluia de la vig. de Noël*).

Ex. **CXXVII**. Étendue de sixte de FA en *ré* (*Dernier répons d'un Martyr*).

Ex. **CXXVIII**. Étendue de septime de MI en *ré*. (*Quatr. antienne des Vêpres de Noël*).

Ex. CXXIX. Étendue de septime de RÉ en ut (Benedictus de Noël).
Glo- ria in excelsis De- o, et in te- rra pax ho-mi- ni-bus bonæ voluntatis A- lle-lu- ia, a- lle- luia.
Ex. CXXX. Octave du mode (Communion du Lundi de la Pentecôte).
Spi- ritus sanctus docebit vos, a- lle- lu- ia, quæcumque dixero vo- bis. A- lle- lu-ia, a- lle- lu- ia.
Ex. CXXXI. Octave dépassée d'un degré à l'aigu (Troisième antienne des Laudes de la Toussaint).
Rede- mi- sti me, Domine Deus, in san- guine tu- o ; ex o- mni tri-bu, lin- gua et popu-lo, et nati- o-ne ; et fe- cisti nos De- o no- stro regnum.
Ex. CXXXII. Octave dépassée d'un degré à l'aigu, mais incomplète au grave (Communion du lundi de la Passion).
Hoc co- rpus quod pro vo-bis tra- de-tur, hic ca- lix no-vi Testsmenti est in me- o sangui-ne, di- cit Do- minus ; hoc fa- ci-te quoties-cumque su-mi- tis in me- am commemora- ti- o- nem.

CHAPITRE XXIII.

DE LA MESURE A OBSERVER DANS LE PLAIN-CHANT ET DES SIGNES QUI S'Y RAPPORTENT.

97. Dans les exemples de plain-chant donnés jusqu'ici on a pu remarquer de temps à autre certains signes différents de celui qui est le plus fréquemment employé et qui a la forme d'un carré plein ■ : nous avons dès le principe recommandé de se conduire, à l'égard de tous les signes sans exception, comme s'ils devaient être égaux entre eux, c'est-à-dire de semblable durée. Cette marche était nécessaire pour éviter toute confusion. Il fallait avant tout se bien rendre maître de l'intonation, c'est-à-dire exprimer avec exactitude et sans hésiter le degré précis du son et par suite mettre chaque degré en relation parfaite avec celui qui le précède et celui qui le suit ; en un mot, il fallait *chanter juste*. Toute personne qui a étudié avec attention le texte et les exemples de ce livre ne doit plus éprouver à cet égard aucun embarras et peut chanter immédiatement toute pièce de plain-chant qui lui est présentée en en nommant les notes, que nous avons jusqu'ici supposé avoir toutes entre elles une durée pareille et n'être interrompues que par des repos qui donnent la facilité de reprendre haleine, repos que nous avons marqués par des lignes verticales coupant à angle droit les lignes horizontales de la portée. Outre que cette marche permet à l'élève de fixer toute sa pensée sur la seule intonation, elle l'habitue dès l'abord au système de mesure le plus simple, le plus naturel et le plus facile de tous, puisqu'il consiste à donner constamment à toutes les notes une durée uniforme.

98. Maintenant que nous pouvons entonner et poursuivre régulièrement toute pièce de plain-chant en exprimant avec exactitude le rapport tonal des sons, nous devons nous occuper de donner à chacun des degrés la durée qui lui appartient, et l'on va voir que cette étude offre fort peu de difficulté. Dans la manière actuelle d'écrire, d'imprimer et de chanter le plain-chant, la durée des notes dans les livres contenant les offices de l'Église est fixée par les signes suivants dont je donne en même temps la figure et les noms.

▜	Longue,		double.		
■	Moyenne,	brève,	simple,	carrée,	commune.
◆	Brève,	semi-brève,		losange.	

A la rigueur, ces trois figures sont considérées, quant à la durée, comme étant la moitié l'une de l'autre; de telle façon, par exemple, que, chaque oscillation d'un pendule représentant la durée d'une moyenne, il en faudrait deux pour correspondre à la valeur d'une longue, tandis que, au contraire, deux semi-brèves passeraient sous une seule et même oscillation; mais nous verrons dans un instant que ce rapport est tout de convention. Il est presque inutile d'avertir que les dénominations de carrée et losange naissent de la figure et que les autres dérivent du rapport. Sous ce dernier point de vue les noms anciennement usités en France de *longue*, *moyenne* et *brève* seraient plus réguliers ; mais comme quantité d'auteurs donnent le nom de brève à la moyenne et nomment en conséquence la losange *semi-brève*, nous conserverons pour elle ce dernier nom qui ne peut recevoir d'autre application et nous éviterons de nous servir du mot *brève* pour désigner la carrée. De cette manière il n'y aura jamais ambiguité.

99. Quelques copistes imités par certains typographes ont adopté une autre figure, qu'ils ont nommée *rhomboïde* et qui en certains cas, disent-ils, a un peu moins de durée que la carrée et un peu plus que la losange. Nous en avons fait précédemment quelque usage pour le cas particulier de syllabation où un mot est suivi d'un monosyllabe qui en dépend, parce qu'en effet on donne alors à la note correspondante à la dernière syllabe du mot une durée moindre que celle de la carrée et supérieure à celle de la losange.

100. Dans quelques éditions modernes on trouve des notes, soit longues, soit brèves, suivies d'un point.

Le point est ici un signe de repos et de prolongation, et indique qu'après la note qu'il accompagne, on doit s'arrêter quand on l'a prolongée; il ne se rencontre, du reste, qu'à la fin des phrases ou périodes. L'effet du point est donc un accroissement de celui de la stanguette, et son introduction dans la sémiographie du plain-chant pourrait à certain égard être justifiée par la signification moderne attribuée à la stanguette, qui, dans beaucoup de livres, a été employée, non plus seulement à marquer les suspensions ou repos dans les phrases mélodiques, mais encore à isoler chacun des mots dont le texte se compose.

101. En disant que les longues, moyennes et semi-brèves avaient des durées décroissantes de moitié, l'une par rapport à l'autre, nous avons déjà donné à entendre (98) que ce principe, vrai en théorie, recevait dans la pratique des altérations continuelles. Dans un très-grand nombre de cas, la durée de la longue, exprimée par l'un des deux signes ꟷ ou ■■ est absolument négligée, et la note ainsi écrite s'exécute comme s'il s'agissait de la carrée ■. En d'autres cas, on lui donne une simple prolongation arbitraire, dont nous aurons par la suite occasion de présenter des exemples et de démontrer l'opportunité. L'emploi le plus utile et le plus régulier que l'on pourrait en faire serait de s'en servir pour marquer les pénultièmes et les dernières notes des périodes, quelquefois aussi leur commencement.

102. La moyenne, bien que servant de mesure aux autres durées, n'est pas non plus constamment égale à elle-même; ainsi, lorsque l'on veut donner à l'exécution du plain-chant tout l'intérêt qu'elle mérite, non-seulement on précipite un peu plus telle ou telle moyenne, ou bien toutes les moyennes d'un membre de phrase, mais de plus on prolonge un peu la pénultième de chaque membre mélodique, un peu davantage la pénultième des phrases et un peu plus encore celle de la période. De telle sorte que l'avant-dernière note d'un membre de phrase, bien qu'étant une moyenne, est plus prolongée que toutes les autres répandues dans ce membre; l'avant-dernière note d'une phrase, plus prolongée que celle d'un membre, quoique toujours représentée par une moyenne; enfin, l'avant-dernière d'une période toujours indiquée par le même signe, plus soutenue encore que les précédentes. Cette règle, fort ancienne, de la prolongation des pénultièmes, est malheureusement une de celles qu'on a le plus généralement abandonnées et aussi une de celles dont le délaissement a diminué le plus la grâce et la beauté du plain-chant.

103. Il s'en faut également de beaucoup que la losange ou semi-brève soit toujours la moitié de la commune, moyenne ou brève; elle n'en est, dans le plus grand nombre de cas, que le tiers ou le quart, et appliquée à la parole, elle représente une syllabe faible, vulgairement *brève* de prononciation, et l'on en peut dire autant de la rhomboïde.

Dans ces exemples, la commune qui précède la semi-brève est considérée comme n'ayant que les deux tiers ou les trois quarts de sa durée ordinaire, que vient compléter la semi-brève qui la suit. Du reste, c'est surtout ici un accident de prononciation que nous aurons à examiner, lorsque nous traiterons de l'application des paroles aux notes; mais il était d'autant plus important de le mentionner dès à présent, que c'est lui qui amène le seul emploi réel qu'on fasse de la semi-brève dans le plain-chant proprement dit.

104. Les passages analogues à ceux qu'on vient de voir se représentent quelquefois autrement; la semi-brève se montre précédée d'une longue. Celle-ci étant supposée avoir une durée double de la moyenne, pour établir un rapport régulier, la syllabe dite brève emprunterait sa durée à la précédente, et les deux notes ensemble équivaudraient à une longue. Cette manière d'exécuter existe en effet en certains endroits, mais une telle méthode nous semble vicieuse, et nous devons encore renvoyer, en cette occasion, à ce que nous dirons de l'union des paroles à la musique. Nous indiquerons aussi les circonstances où nous croyons avantageux d'employer la longue et la rhomboïde, mise en contact et en dépendance l'une de l'autre.

105. La longue a donc une valeur arbitraire, et d'ailleurs son emploi est peu fréquent; la semi-brève n'a qu'une valeur de prononciation, et elle emprunte sa durée à la note qui la précède. La moyenne seule a une durée fixe, quoique susceptible, ainsi que nous venons de le voir (102), d'être en plusieurs cas modifiée, et cette valeur fait la véritable base du plain-chant, à l'égard de ses durées, qui se montrent ainsi en apparence égales entre elles. Nous disons *en apparence*, car la similitude des moyennes, par rapport à la durée, est bien loin d'avoir quelque chose de l'exactitude mathématique; mais cette égalité satisfait suffisamment l'oreille et peut-être la contenterait-elle moins si elle était plus parfaite. Aussi a-t-on pu, sans s'écarter de la vérité, dire en définissant le plain-chant, qu'il *n'était point soumis à une mesure rigoureuse*, ce qui à une époque reculée était encore plus fondé qu'aujourd'hui. D'un autre côté ses dépréciateurs lui reprochent par-dessus tout cette monotonie qui lui donne presque inévitablement une lourdeur fatigante pour ceux qui ont l'habitude d'entendre de la musique, dont les rapports de durée, sans cesse variés entre eux, font en grande partie le charme. Ce reproche ne serait que trop fondé, si le plain-chant était partout exécuté comme il l'est en certains lieux, et particulièrement en plusieurs églises de France, où il se chante sans même tenir compte des semi-brèves exigées par la prononciation, et sans aucune prolongation ni repos d'aucun genre. Il n'est rien, en effet, de plus insipide, de plus plat ni de plus barbare qu'une exécution semblable, qui a pourtant ses partisans et que l'on a nommée plain-chant *battu*.

106. Il existe dans le plain-chant certains morceaux dans lesquels les durées respectives sont rigoureusement observées; mais ces pièces, qui sont toutes fort modernes relativement au fonds principal du plain-chant, appartiennent véritablement à la musique : ce sont certaines hymnes et proses composées, soit dans le mètre dactylique, soit dans les mètres ïambique, trochaïque, spondaïque. En pareil cas, les rapports de durée doivent être rigoureusement établis; c'est-à-dire que, la durée de la moyenne une fois fixée, la longue doit en être précisément le double, et la semi-brève la moitié. Nous aurons à revenir sur ce sujet dans la seconde partie, en parlant des hymnes et des proses. Un autre cas où il est nécessaire que les durées du plain-chant soient soumises à une rigoureuse égalité de rapport est celui où il est accompagné par une harmonie musicale quelconque, à moins que le plain-chant n'y soit suivi note pour note, l'harmonie pouvant alors se plier à l'arbitraire des durées.

107. Pour s'exercer à l'application des principes ci-dessus écrits, il suffira de reprendre tous ceux que l'on préférera parmi les nombreux exemples précédemment donnés, en les chantant toujours sans paroles, mais en se réglant, pour la durée des notes, sur ce qui vient d'être dit. On doit surtout prendre bien garde à ne donner aux semi-brèves ou losanges une valeur empruntée à la note précédente (104) que si elles portent sur une syllabe unique ; en toute autre circonstance, elles doivent passer comme des notes communes.

CHAPITRE XXIV.

DE L'APPLICATION DES PAROLES AUX NOTES ET PAR SUITE AU PLAIN-CHANT DE L'OFFICE.

108. Jusqu'à présent, nous avons étudié le plain-chant dans son essence, nous avons cherché à en exécuter la mélodie à première inspection, sans nous occuper d'autre chose que de donner à cette mélodie son intonation véritable, à chacune des notes qui entrent dans sa composition la durée qui lui convient, et à l'émission du son vocal toutes les qualités dont il est susceptible. Nous ne nous sommes nullement occupé des paroles à joindre à cette mélodie : leur application exigeait la connaissance parfaite des signes de la notation et du solfége. Cette instruction étant acquise, voici le problème à résoudre : *Remplacer sur-le-champ par les paroles, écrites au-dessous des notes, les syllabes usitées pour la solmisation.* Ces syllabes, en effet, n'existent plus alors que dans la pensée de l'exécutant, qui les traduit immédiatement par les paroles écrites. La difficulté naît de la nécessité de la double opération qui doit avoir lieu simultanément, et dans laquelle interviennent doublement aussi la voix et l'intelligence, celle-ci saisissant à la fois la ligne de musique et celle des paroles que la voix traduit et exprime à l'instant.

109. Nous supposons que nos lecteurs se conforment à la prononciation du latin usitée dans leur pays, et telle qu'on l'enseigne dans les écoles ; mais, dans cette hypothèse même, on va voir qu'il est encore besoin de quelques avertissements sur la manière de se conduire, lorsque le chant s'unit aux paroles. La règle la plus générale à poser, en ce cas, est d'observer exactement tout ce qui se prescrit pour la lecture ordinaire, en donnant aux lois établies à cet égard toute la précision et toute l'extension que le chant comporte bien plus essentiellement que le simple discours, où presque tout est mobile et souvent même arbitraire, tandis que dans le chant tout est beaucoup plus fixe, beaucoup plus articulé, beaucoup plus rigoureux. On doit donc, avant tout, se garder d'une prononciation molle et indécise et obtenir, de chacune des syllabes, toute la sonorité dont elle est susceptible; le tout, bien entendu, sans crier, ni forcer la voix, et sans que la justesse, la mesure et la grâce du chant perdent quelque chose à la vigueur de la prononciation.

110. Non-seulement le chant ne doit jamais être lésé dans son association aux paroles, mais il doit être mis avec elles en un parfait rapport, de telle sorte que ces deux éléments s'identifient dans la voix du chanteur, et plus encore dans l'oreille des auditeurs. Pour cela les règles du chant d'une part, et de l'autre celles de lecture accentuée, autrement de la déclamation lyrique, doivent être sévèrement observées et si bien fondues ensemble, qu'elles ne fassent qu'un seul tout. Il faut, en conséquence, que les intervalles, la mesure et les repos de la mélodie soient rigoureusement exprimés, comme s'il n'y avait pas lieu d'y joindre des paroles, et d'un autre côté, que toutes les règles de la prononciation, de l'accentuation, de la déclamation proprement dite, soient suivies avec autant d'exactitude que si ces paroles ne devaient pas être chantées. La fusion des doubles lois du chant et de la parole constitue l'exécution parfaite du plain-chant.

111. Les défauts à éviter pouvant se présenter en mille manières, on ne saurait les détailler ici. Outre le principal, dont nous dirons un mot plus tard et qui consiste à changer le son de certaines lettres, il en est un presque aussi considérable et fort ordinaire, dont cependant on devrait bien attentivement se garder : nous voulons parler du désordre de la prononciation. Ainsi, l'on ne doit pas débiter confusément les syllabes d'un même mot, ni les mots d'une même phrase ou d'un même membre de phrase. D'un autre côté, quoique devant être entendues distinctement, il ne faut pas que les syllabes d'un même mot semblent former des mots isolés, ni que les mots d'une phrase ou d'un membre de phrase semblent n'avoir aucun rapport l'un avec l'autre. Ce n'est pas seulement par des pauses faites hors de propos, mais encore par une mesure inégale et déréglée, que l'on peut ainsi altérer la physionomie des paroles. Au reste, ceux-là seuls tombent dans cette dernière faute, qui n'ont pas bien étudié la solmisation. Nous verrons dans un instant le cas où l'on est obligé de couper certains mots, en raison de la nécessité de reprendre haleine, et nous indiquerons les précautions nécessaires en pareille circonstance.

112. Passons maintenant aux règles spéciales. Dans l'adaptation des paroles à la mélodie, il peut se présenter plusieurs cas : 1° chaque syllabe d'un mot s'applique à une note; alors il y a autant de notes que de syllabes, et par conséquent on ne rencontre aucune difficulté, quant à l'application ; 2° en admettant la circonstance précédente, certaines notes peuvent être des semi-brèves; 3° plusieurs notes, quelquefois fort nombreuses, peuvent courir sur la même syllabe, en conservant leur valeur ordinaire; 4° ces notes, que parcourt une syllabe unique, peuvent être d'une durée moindre que les autres; mais cette manière d'exécuter le plain-chant n'étant plus en usage, on en tient peu de compte ; 5° que le chant soit ou non syllabique, les syllabes, unies aux notes de moindre durée, peuvent être mélangées aux autres d'une manière périodique; de telle sorte que la même disposition rhythmique se représente une seconde, une troisième fois, et ceci peut avoir lieu en plusieurs manières. Nous allons examiner séparément chacune de ces circonstances.

113. Les deux premiers cas se confondent en un seul, puisque la différence qui existe entre eux n'est qu'un accident de prononciation, chaque note se mariant continuellement à la syllabe; c'est ce que l'on nomme plain-chant *syllabique*. Ce genre de chant ne se rencontre que dans un petit nombre d'antiennes et de proses ou d'hymnes, et c'est à peine si, dans toute la collection des pièces de l'office, on en trouve cinq à six où cette condition soit pleinement observée; dans le plus grand nombre des morceaux qui seraient presque syllabiques, il se trouve toujours une ou deux syllabes garnies de plusieurs notes. Les suivants sont dans la condition exacte.

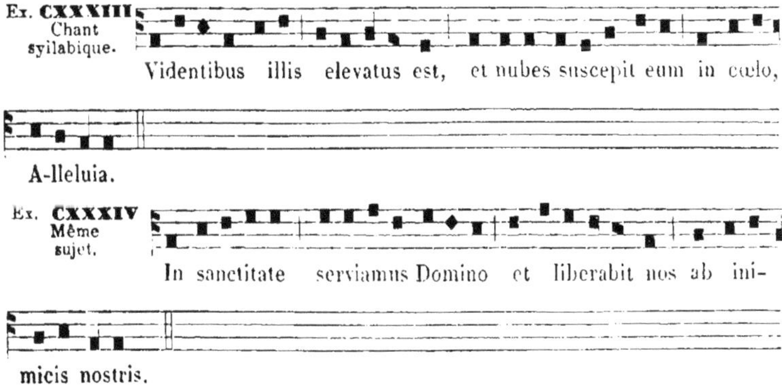

Ex. CXXXV. Même sujet.

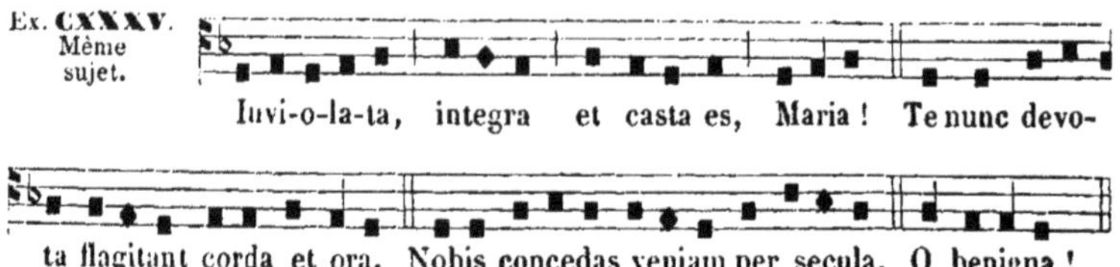

114. Le cas précédent admis, et ce que nous avons dit antérieurement sur l'union de la parole à la musique étant bien compris, la présence, dans certains mots, de syllabes faibles de prononciation, doit se reproduire dans la musique, c'est-à-dire que la syllabe faible doit moins frapper l'oreille que la syllabe forte, et l'on donne alors une figure particulière à la note correspondante, qui prend le le nom de *losange* ou de *semi-brève* (98 et suiv.). Ainsi, dans les exemples ci-dessus, les mots *videntibus* du premier, *Domino* du second, *integra*, *flagitant*, *veniam*, *secula* du troisième, ayant leur pénultième syllabe faible, et cette syllabe devant être plus rapidement prononcée que celle qui la précède et que celle qui la suit, le même effet se reproduit dans le chant. La brève, semi-brève ou losange s'unit donc à la note commune qui l'a précédée, en s'emparant d'environ un quart de sa durée, et ne lui en laissant alors que les trois quarts. Cette règle, du reste, n'est absolue que pour le cas où l'on veut que toutes les notes soient en rapport à peu près exact d'égalité. Dans ce même système on a voulu quelquefois que la losange, jointe à la commune, en représentât le quart, mais que la première des deux, c'est-à-dire, la commune fût alors considérée comme double, de cette manière

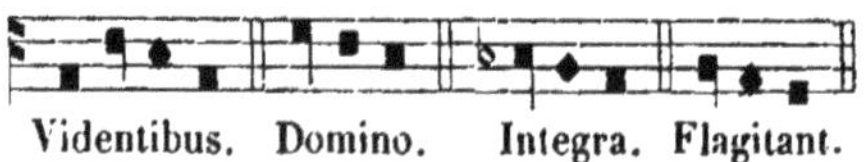

Dans ce dernier cas, la somme des deux notes équivaut à deux communes, tandis que, dans le premier, elle n'en représente qu'une seule. C'est celui-ci que nous préférons; l'autre donne au plain-chant un effet lourd et gauche.

115. Dans plusieurs des exemples donnés à la première partie, de même que dans ceux que l'on a vus il y a un instant, on aura remarqué que ce n'était pas seulement sur des pénultièmes syllabes de mots que portaient les semi-brèves, et que l'on en rencontrait aussi sur les dernières syllabes, lorsqu'elles étaient suivies d'un monosyllabe, comme *elevatus est*; cet usage vient de ce que ces deux mots n'en font réellement qu'un, puisqu'ils sont le temps composé d'un verbe. Dans quelques endroits, on en agit à peu près de même, lorsqu'un mot est suivi d'un monosyllabe qui en est le régime, comme ci-dessus *liberabit nos*; mais, au fond, cette habitude est un abus; car il n'y a pas plus de raison pour attacher un régime à son sujet, lorsqu'il est monosyllabique, que dans tout autre cas. Seulement, comme le monosyllabe, ainsi placé, est une syllabe essentiellement forte de prononciation, on doit légèrement prolonger la pénultième du premier mot et passer sur la dernière avec un peu plus de rapidité; ce que nous avons indiqué dans tout le cours de ce livre, en donnant une queue à la note sur laquelle il faut appuyer, et la forme d'une rhomboïde, non celle d'une semi-brève, à la note sur laquelle on doit couler. Au reste, tout ceci n'offre pas de difficulté, puisque les semi-brèves sont marquées dans les livres modernes, toutes les fois qu'elles doivent être pratiquées; il suffit donc d'être bien convenu à l'avance de la méthode qu'on adoptera pour leur exécution.

116. Le troisième cas est celui de toutes les pièces en plain-chant ordinaire. Les notes y correspondent aux syllabes, tantôt, une pour une, tantôt un nombre quelconque, et quelquefois fort considérable, de notes passant sur une syllabe unique. Dans l'usage ordinaire, ces notes sont toujours des communes et doivent, par conséquent, former des durées égales, sauf les semi-brèves de prononciation.

117. Le quatrième cas, c'est-à-dire celui de la présence de plusieurs semi-brèves sur une seule syllabe, que certains livres modernes ont conservée, ne change rien à la durée des notes, qui, quoique figurées de la sorte, ont la même durée que les communes, parce que cette manière de les écrire n'était qu'une convention de copistes, qui la trouvaient plus commode et d'un coup d'œil plus agréable.

118. Nous avons posé comme règle générale (111), qu'il ne fallait pas couper ou séparer les syllabes d'un même mot. Cette règle est cependant impossible à observer en certains cas, où les notes sont trop multipliées sur chaque syllabe, pour que l'on dise le mot entier, ou même la syllabe d'une seule haleinée.

Des divisions doivent alors se faire avec convenance et en s'attachant au sens de la phrase musicale. On reprend ainsi haleine, autant de fois qu'il le faut, et cette circonstance est indiquée en quelques livres et, dans le nôtre, par la petite barre verticale, comme dans l'*Alleluia* ci-dessus, où l'on a aussi introduit les losanges signalées au précédent paragraphe. Lorsqu'un pareil cas se présente, il est évident que l'on doit bien se garder de répéter dans une syllabe la consonne initiale déjà prononcée. Ayant, par exemple, à chanter le mot *magnus* et, en raison du grand nombre de notes, la possibilité n'existant pas d'exprimer la première syllabe d'un seul trait d'haleine, il ne faut pas après avoir prolongé le son jusqu'à un lieu convenable de la mélodie où l'on respire, reprononcer la syllabe *ma*, en faisant entendre le *m*, mais reprendre sur *a*, sans dire *ha*, comme s'il y avait un *h* aspiré. On doit, en sens opposé, mais par la même raison, ne pas prononcer par anticipation la consonne finale; ainsi, dans ce même mot *magnus*, si l'on voit un grand nombre de notes sur la syllabe *gnus*, il faut avoir grande attention de ne point faire sonner la lettre finale *s*, après un premier repos; à ce moment d'arrêt l'oreille ne doit entendre que le son *u*; c'est seulement lorsque la série de toutes les notes vient terminer sur celle de conclusion que le *s* doit être entendu.

119. Ceci nous mène à une autre question, sur laquelle tout le monde n'est pas d'accord : c'est de savoir comment, dans un mot de deux ou d'un plus grand nombre de syllabes, chacune d'elles doit être divisée. Observons d'abord que les syllabes peuvent se décomposer en plusieurs manières. 1° Une syllabe peut se terminer par une voyelle et la suivante commencer également par une voyelle : *e-i-a*, *De-us*, *Ba-al*, *di-es*, *a-it*, *vi-a*, *pi-us*, *tu-us*, etc. 2° Une syllabe peut se terminer par une voyelle et la suivante commencer par une consonne : *a-mo, pa-nis, u-nus, e-go, no-men, de-dit, pre-ces, pa-ter*, etc. Jusqu'ici aucune difficulté ; on prononce naturellement la consonne initiale de la seconde syllabe, lorsque la première est achevée. 3° En s'attachant aux règles grammaticales et à l'étymologie, une première syllabe peut se terminer par une consonne, et celle qui la suit commencer par une voyelle, principalement dans les mots composés : *ad-amavit, ab-est, in-hærens, ex-urge, ev-angelium*, etc. 4° Les voyelles de deux syllabes voisines sont séparées par deux consonnes, qui peuvent tantôt se diviser, pour appartenir, de part et d'autre, l'une à la voyelle qui la précède, l'autre à la voyelle qui la suit ; tantôt se rattacher toutes deux à la première voyelle ou, enfin, toutes deux à la seconde. Ces consonnes sont, ou semblables : *peccata, summus, colles, esse, surrexit*, etc., ou différentes, *omnes, magnus, expectans, parce, gentes, cœlestis*, etc. Les syllabes, dont les consonnes sont rapprochées au nombre de trois : *nostrum, sanctus, postquam*, etc., ou même de quatre, *conscripsit*, etc., rentrent dans la classe précédente , et , d'après la règle grammaticale, on rapporte la double consonne à une syllabe ou à l'autre, *nos-trum, sanc-tus, post-quam, con-scripsit*, etc. Ces deux derniers cas font les difficultés, car si l'on veut s'astreindre rigoureusement à la règle, la consonne de la première syllabe doit demeurer adhérente à la voyelle qui la précède, effet qui manque souvent de grâce et rend même la prononciation vicieuse.

120. En soumettant la prononciation même dans la mélodie, aux lois que prescrivent la grammaire et l'étymologie, on ne peut, sans doute encourir condamnation ; nous préférons cependant, au point de vue musical, l'habitude italienne, qui consiste à terminer constamment la première syllabe sur la voyelle ; on renvoie alors à la syllabe suivante toutes les consonnes, quel qu'en soit le nombre, sans tenir compte de la manière dont le mot a été composé, et l'on prononce ainsi *a-lma, su-mmus, ma-nna, su-rrexit, o-mnes, ma-gnus, pa-rce, e-xpectans, po-stquam*, etc. En détachant ainsi franchement la voyelle, sans avoir l'air, pour ainsi dire, de prévoir les consonnes qui la suivent, on obtient beaucoup plus de sonorité , et l'articulation n'a rien à y perdre. C'est ce qui nous décide à préférer cette manière, en dépit de l'irrégularité grammaticale, et voilà pourquoi les syllabes sont ainsi divisées dans les exemples de ce livre.

121. Il nous resterait à examiner le dernier cas de l'adaptation des paroles à la mélodie, savoir celui dans lequel les syllabes s'appliquent à des chants dont les éléments sont en rapport exact de durée. Ce cas est particulier à certaines pièces métriques, dont l'Église admet l'usage, et que l'on nomme *hymnes* et *proses* ou *séquences;* nous en traiterons dans des articles spéciaux où nous espérons que l'on trouvera tous les détails nécessaires. Ces morceaux d'ailleurs, comme on le verra, tiennent plus de la musique que du plain-chant et se rattachent à la branche que l'on nomme *plain-chant musical.*

122. Afin d'acquérir dans la lecture des paroles et de leur adaptation à la mélodie toute l'habitude nécessaire, nous recommandons à ceux qui étudieront ce livre de revoir tous les exemples accompagnés de texte qui ont été donnés dans la première partie, en y joignant sur-le-champ les paroles ; ils prendront bien garde d'observer régulièrement les semi-brèves, lorsqu'elles se rapportent à la prononciation, et donneront à chaque morceau un mouvement modéré. En les chantant, on reconnaîtra le progrès que l'on aura fait dans la connaissance du plain-chant, et nous ne craignons pas de dire que si l'on ne se trouvait pas satisfait de l'exécution, cela prouverait qu'on ne se ferait pas suffisamment exercé à chanter lesdits exemples sans paroles, en en nommant simplement les notes ; il faudrait donc les étudier de nouveau à ce point de vue. Quand on les aura ainsi tous repassés, ceux qui se montreront ensuite serviront pour le perfectionnement. Les études antérieures nous ont déjà mis à même d'apprécier plusieurs passages où se manifestent les différentes qualités propres au plain-chant. Devenus maîtres de la lecture, nous devons désormais nous appliquer à comprendre, et par suite à exprimer, tous les sentiments intimes du chant et des paroles. Plus nous apporterons de soin à l'exécution, en nous pénétrant du sens du texte et de celui de la musique, qui s'unissent dans un même but, plus il nous sera facile d'analyser et d'apprécier les morceaux qui s'offriront à nous. Nous devons être maintenant assez avancés pour attaquer de front tout ce que l'on met sous nos yeux, en prononçant sur-le-champ les paroles ; l'expérience acquise suffira, dans le plus grand nombre de cas, pour faire apercevoir les fautes essentielles dans lesquelles on tomberait, car l'oreille s'est formée aux intonations justes et aux formules particulières au plain-chant, et cette habitude s'est obtenue peu à peu, sans effort, et presque sans qu'on s'en aperçût. Tel est l'avantage des connaissances acquises avec méthode, c'est-à-dire au moyen d'une division et d'une distribution rationnelle des matières, d'une progression bien établie, quant aux difficultés; enfin, d'une analyse exacte de l'objet à étudier.

CHAPITRE XXV.

DE L'ACCENTUATION DE LA LANGUE LATINE DANS LE CHANT.

123. Nous avons dit (109) qu'il faut dans l'exécution du plain-chant, pour l'énoncé des textes latins, se conformer à la prononciation du pays que l'on habite. Dans cette condition, on doit articuler les lettres telles qu'elles existent, et non en leur donnant une valeur différente de celle qui leur appartient, ou bien en altérant celle-ci par l'association d'autres lettres qui détruisent ou modifient leur valeur réelle. Ainsi c'est un tort de prononcer *a* pour *o*, *o* pour *u*; de dire, au lieu de *a*, *ea*, *oa* ou *ua*; de prononcer les *e* trop fermés; de ne pas faire sentir les lettres finales ou de ne pas leur attribuer la véritable prononciation, par exemple, de dire, *Deuz* au lieu de *Deus*; de dire *s* pour *ss*, et ainsi des autres doubles lettres, et réciproquement; de donner aux syllabes latines *am*, *an*, *em* et *en*, *im* et *in*, *om* et *on* le son qu'elles ont en français dans les mots *ampoule*, *anguille*, *emphase*, *enclume*, *imbécile*, *intrus*, *ombre*, *honte*, tandis qu'on doit les prononcer comme dans les mots *amitié*, *anneau*, *émeute*, *énorme*, *immortel*, *inné*, *hommage*, *honneur*, surtout dans le cas où ces syllabes roulent sur plusieurs degrés. Il ne faut pas non plus prononcer *un* du mot *eundem* comme se prononce *on* dans le mot français *fonder*. On pourrait indiquer d'autres vices de prononciation; mais il suffit d'avoir fait comprendre notre pensée.

124. Les textes de l'office étant écrits dans les livres, quiconque sait lire doit échapper à de semblables défauts; cependant leur évitation seule ne constitue pas, quant au chant, une prononciation régulière; un autre article, des plus importants pour celle-ci, est l'*accentuation*, que rien n'indique dans l'écriture ordinaire. Chose singulière: les peuples qui altèrent la valeur phonique des lettres latines, en les soumettant au son de leur propre langue, ne s'en sont pas moins soumis aux lois de l'accentuation, qui est, à bien peu de chose près, uniforme pour tous les pays. Or, l'étude de cette partie essentielle du chant d'église est d'autant plus nécessaire que tous les textes qui forment les paroles de l'office ne sont pas revêtus de notes dans les livres de plain-chant, et que dans ceux qui le sont, tant manuscrits qu'imprimés, les rapports des paroles et du chant, en ce qui regarde l'accent tonique, sont souvent négligés ou mal établis. Il en résulte que l'intelligence de l'exécutant doit y suppléer, et pour cela il est indispensable qu'il connaisse et observe les lois prescrites en cas pareil. Ces lois sont inutiles aux peuples dont l'idiome est calqué sur celui des anciens Romains ; ainsi, en Italie, en Espagne et en Portugal on accentue régulièrement le latin, sans y prendre garde, parce que les mots de la langue moderne ont, à cet égard comme aux autres, une analogie à peu près absolue avec la langue mère. Dans les pays, au contraire, où l'accentuation des mots part d'un principe différent, ou bien, ayant le même principe, amène d'autres conséquences, il est nécessaire d'étudier spécialement la matière; et en France, en Angleterre et en Allemagne, où l'on altère sans scrupule le son des lettres de la langue latine, on a si bien compris l'importance de l'accent tonique dans le plain-chant et la gravité des inconvénients qu'entraîne son inobservation, que l'on s'est soumis aux règles naturellement fournies par la langue des peuples qui avaient eu la transmission immédiate du latin.

125. Dans les pays où l'on parle une langue uniformément accentuée, comme est la langue française, on a peine à se rendre compte de ce que nous appelons ici l'*accentuation*, en désignant ainsi la manière de placer un accent *tonique* qui fait que, dans la prononciation, telle syllabe se sent plus que telle autre. Ainsi, en français, l'accent tonique produit peu d'impression; d'abord, parce qu'il se marque assez légèrement dans le plus grand nombre de cas, et ensuite parce qu'il tombe constamment sur la dernière syllabe du mot, abstraction faite de l'*e* muet à la fin des mots, qui devant une consonne s'entend à peine et devant une voyelle est entièrement absorbé par elle. A la vérité, des syllabes plus fortes les unes que les autres apparaissent à chaque instant, presque aussi nombreuses dans le simple discours et la conversation habituelle que dans le débit dramatique et oratoire; mais ces syllabes, plus vigoureusement articulées que les autres, sont une conséquence du sens et non des mots; les lois qui les régissent appartiennent à la déclamation, tandis que celles de l'accent tonique sont du domaine de la grammaire. Aussi, dans les langues où l'accent tonique est nettement marqué et peut se placer sur la dernière, la pénultième, l'antépénultième et la bisantépénultième, il demeure attaché à la syllabe qu'il affecte, quels que soient d'ailleurs le sens du discours et l'intention de celui qui parle.

126. L'uniformité de l'accent tonique dans la langue française fait que ceux qui parlent cette langue ne comprennent même pas en quoi il consiste, et le confondent avec l'accent *phonique*[1] dont la propriété est d'altérer le son d'une voyelle et d'en faire en réalité une lettre nouvelle, comme on le reconnaît dans l'*â* de *pâte,* comparé à l'*a* de *patte*; dans l'*é* de *pâté*, comparé à l'*è* de *procès*, dans l'*ô* de *côte*, comparé à l'*o* de *calotte*. L'accent tonique a un tout autre effet : il n'altère point le son-voyelle; il consiste seulement, comme nous l'avons fait pressentir, à renforcer une syllabe quelconque, sans que le son lui-même en soit aucunement altéré. Ce renforcement semble toujours acquis à la syllabe accentuée, aux dépens de celle qui la suit immédiatement; d'où résulte cette conséquence que la voix s'arrête moins longtemps sur cette dernière. Or le chant n'étant radicalement que la parole soutenue, l'accent tonique a dû forcément s'y reproduire et il a surtout paru indispensable dans le chant syllabique (112). Le chant de l'Église a donc un accent musical *chanté*, correspondant à l'accent tonique *parlé*. Le principe étant le même, l'effet devait être analogue; aussi a-t-il été réglé que la mélodie s'élèverait et se prolongerait sur la syllabe qui dans le discours serait affectée de l'accent tonique. Cette règle est devenue l'une des bases fondamentales de la récitation et de la psalmodie.

127. Nous engageons fort nos lecteurs à se bien pénétrer de la théorie qui vient d'être exposée, et à étudier avec non moins d'attention les développements, d'ailleurs peu étendus que nous allons lui donner. Cette matière a jusqu'à présent toujours paru difficile à bien comprendre, parce qu'on l'a partout embrouillée, en confondant la

1 φωνή, *phonè*, son.

prosodie en usage dans l'ancienne métrique, ou mesure des vers, avec l'*accentuation*, qui seule était à considérer. Il ne s'agit nullement ici de savoir si les anciens Latins accentuaient comme le font aujourd'hui les Italiens, ce qui est d'ailleurs très-vraisemblable; il suffit que, des règles devant être établies à ce sujet, nous ne pouvons raisonnablement les chercher ailleurs que dans le lieu même où est né l'office liturgique, à l'époque où la langue latine était en plein exercice et brillait encore d'un vif éclat.

128. L'accentuation de la langue latine, telle que l'ont fixée depuis tant de siècles les habitants de la Péninsule italique, consiste donc à donner, dans la prononciation de chaque mot, plus de force à l'une des syllabes qui le composent, comme si l'on y prenait une sorte de point d'appui. Or, l'accent tonique étant, d'après une expression heureusement imaginée, *la semence de la musique*, sa loi domine nécessairement et la simple parole et la parole chantée. La musique a donc dû en subir l'influence et diriger sa marche de manière à ne jamais contrarier l'accentuation; en conséquence, il a fallu que cette syllabe *renforcée* se détachât et se reconnût dans les mouvements, comme dans les stations de la mélodie. L'accentuation, telle que nous venons de l'expliquer, produit la distinction de trois espèces de syllabes :

1° Syllabe *forte;* c'est celle que nous désignions il y a un instant comme point d'appui du mot et qui porte l'accent tonique;

2° Syllabe *faible*, régie et, pour ainsi dire, amoindrie par la syllabe forte ou accentuée qui la précède toujours;

3° Syllabe *moyenne*, qui joue un rôle neutre entre la forte et la faible, et peut momentanément passer à l'un de ces deux derniers états.

129. Il n'y a jamais dans un mot plus d'une syllabe forte, et elle ne saurait être que l'une des trois dernières du mot. Il ne peut de même y avoir jamais plus d'une syllabe faible, et elle n'est autre que la dernière ou l'avant-dernière. Lorsque plusieurs syllabes moyennes se suivent, il est possible qu'elles se montrent, les unes par rapport aux autres, dans une certaine relation de force et de faiblesse, mais toujours à un degré bien moins sensible que les syllabes spécialement classées comme fortes et faibles.

130. Ces qualités de force et de faiblesse que nous venons d'établir pour les syllabes, peuvent exister de deux manières, savoir : par *nature* et par *position*. Les syllabes fortes sont toujours telles, par nature, sauf le cas du monosyllabe suspensif. La présence d'une syllabe faible suppose inévitablement celle d'une syllabe forte au devant d'elle. Les syllabes faibles de nature appartiennent toujours à la classe de celles qui, dans la métrique des anciens, se nommaient syllabes *brèves* et dont les Traités de Prosodie et les Dictionnaires poétiques indiquent ce que l'on appelle la *quantité* ; mais il s'en faut de bien loin que toutes les syllabes brèves chez les anciens soient faibles et que toutes les syllabes longues soient fortes. La quantité est la distinction des syllabes d'un mot en *longues* et *brèves*, distinction tout à fait inutile dans les questions d'accentuation, et que nous avons soigneusement écartée, comme n'engendrant dans le sujet qui nous occupe qu'obscurité et confusion. Les syllabes faibles de position sont des syllabes moyennes, qui passent à leur nouvel état, en raison du mot qui les suit. Les règles qui aident à discerner les syllabes faibles doivent donc être rangées sous deux chefs :

131. A. NATURE.

1° Tout monosyllabe est moyen et ne peut devenir fort ou faible que par position : *Quid est in hoc ?*

2° Tout mot latin de deux syllabes déclinable ou indéclinable a la première forte et la seconde moyenne : *DEus BOne NObis PArce TANdem PROpter Ubi.*

3° Tout mot latin de plus de deux syllabes peut avoir la pénultième forte ou faible, selon qu'elle est longue ou brève, d'après la quantité antique et, dans ce dernier cas, l'antépénultième est forte ; la dernière reste moyenne, ainsi que toutes celles qui ont pu précéder la syllabe forte. *DOminus HUmile QUemlibet REspicit DEnique.* Nous donnerons bientôt quelques moyens pour reconnaître si la pénultième est brève et par conséquent faible.

4° Les mots hébraïques non déclinés ont l'accent sur la dernière syllabe, quel que soit le nombre de celles qui composent le mot ; s'il est de plus de deux, la pénultième est faible, mais à un moindre degré que dans les autres cas, parce que l'affaiblissement naît, non de la syllabe qui précède, mais de celle qui suit. *DaVID, SiON, AbraHAM, BethleEM.* Cette règle n'est pas toujours rigoureusement suivie. Ainsi, en beaucoup de lieux on dit *EPHRAta* et non *EphraTA*, et presque partout *GELboe* et non *GelboE*, ce qui du reste a peu d'importance. Dans le mot composé *AllelulA*, la syllabe forte peut occuper trois places différentes, selon qu'on le juge à propos et s'accentuer *AllelulA*, *AlleLUia* et *AlLEluia*. Le nom propre *Abdenago*, unique dans la Bible, se prononce *AbDEnago* et non *AbdenaGO*.

132. B. POSITION.

1° Lorsque deux monosyllabes terminent un sens, ils sont considérés comme formant entre eux un seul mot de deux syllabes, dont la première est forte et la seconde moyenne : *Mandavit DE te.* Dans le cas peu fréquent de trois monosyllabes consécutifs, le second devient faible.

2° Tout monosyllabe suspendant le sens est fort.

3° Lorsque les mots polysyllabiques ayant la pénultième forte, sont suivis d'un monosyllabe qui s'y rattache, la syllabe forte reste telle qu'elle est; la dernière est affaiblie, de la même manière que dans les mots hébraïques de plus de deux syllabes (131 4°). En tout autre cas, c'est-à-dire si le monosyllabe se rattache par le sens au mot qui le suit, il reste lui-même moyen, et les mots qui précèdent et qui suivent n'éprouvent non plus aucun changement.

4° Lorsqu'un mot polysyllabique ayant la pénultième faible et par conséquent l'antépénultième forte, se trouve suivi d'un monosyllabe, rien ne change dans son accentuation ; la finale est simplement affaiblie, mais elle reste moyenne : *GEnui TE*, *invocaVErimus*, *beneDIcimus TE.*

En quelques endroits, on a pris la détestable habitude de chanter *geNUi te*, *invocaveRImus te*, *benediCImus te;* c'est une affreuse barbarie : la syllabe caractérisée comme faible ne saurait jamais devenir forte et l'usage révoltant dont nous parlons n'a osé se produire que dans des pays où l'on n'avait pas l'habitude d'accentuer.

133. Nous venons de dire (131) que, dans les mots de plus de deux syllabes, la pénultième est tantôt forte, tantôt faible : on nous demandera sans doute le moyen de distinguer l'un et l'autre cas. Nous avons déjà dit que dans ces mots la syllabe faible correspondait toujours à une de celles que les anciens appelaient brèves dans leur poésie ; mais comment reconnaître la présence de cette brève ? Voici, sur ce sujet, des règles qui, sans avoir la prétention de pourvoir à tout, seront suffisantes dans le plus grand nombre d'occasions.

134. Pour reconnaître les mots qui ont la pénultième faible, il faut examiner quelle en est la terminaison, qui en bien des cas ne laisse aucun doute.

On peut, avant tout, poser comme règle sûre et principe général, que dans tout mot terminé par deux voyelles, la première des deux est toujours faible, en sorte que l'accent porte sur l'antépénultième *FIlius*, *STREnuus*, *MOneo*, *acCIpio*. Il n'y a d'exception que pour l'*e* entre deux *i* de *diEi*, et l'*i* des mots *alIus*, *ipsIus*, *istIus*.

En second lieu, on doit considérer que, dans la langue latine comme dans toutes les autres, il y a des mots invariables, et des mots variables qui sont les noms et les verbes avec leurs dépendances; les mots invariables ont tous une forme primitive, à laquelle il faut d'abord s'arrêter, si l'on veut en connaître l'accentuation.

La table suivante a été formée à cet effet. Les antépénultièmes fortes y sont comme ci-dessus-indiquées par des capitales.

135. Sont faibles toutes les pénultièmes

1° Dans les noms en

Abulum, aculum — *VoCAbulum*, *taberNAculum*.
Acia — *AuDAcia*, *pertiNAcia*.
Arius, arium. — *SiCArius*, *viriDArium*.
Etas, Itas. — *PIetas*, *diVInitas*.
Itia — *AvaRItia*, *amiCItia*.
Olus, ola — *GlaDIolus*, *ePIstola*.
Onius, onia, onium — *AnTOnius*, *queriMOnia*, *matriMOnium*.
Orium — *PræTOrium*, *tenTOrium*.
Ulus, ula, ulum — *POpulus*, *TAbula*, *SEculum*.

2° Dans les adjectifs en

Arius — *ConTRArius*, *neFArius*.
Bilis — *MiRAbilis*, *aMAbilis*.
Idus — *CANdidus*, *CUpidus*.
Ifer, iger — *PEStifer*, *LAniger*.
Ilis — *FAcilis*, *Agilis*, *RAsilis*; excepté les mots dérivés d'un nom ou d'un autre adjectif, qui ont la pénultième pour syllabe forte : *ciVIlis*, *pueRIlis*, *seNIlis*, *serVIlis*.

Imus — *INtimus, maRItimus*, *MAximus*, *forTISsimus* et tous les superlatifs, *DEcimus, milLEsimus* et autres noms de nombre.
Ineus — *ArunDIneus, ferruGIneus.*
Olus — *LacTEolus, FRIvolus.*
Orius — *LuSOrius, uXOrius.*
Tilis — *Utilis, FERtilis.*
Ulus — *QUErulus, riDIculus.*

3° Dans les verbes en

Ino — *GERmino, INquino.*
Ito, itor — *HAbito, COgito, MInitor.*
Ulo — *AMbulo, CONsulo.*
Urio — *ESUrio, parTUrio.*

4° Dans les adverbes en

Iter — *FORtiter, viRIliter.*
Itus — *PEnitus, diVInitus.*

136. Cherchons maintenant la syllabe faible dans les variations que subissent les mots, savoir les noms et adjectifs dans leurs nombres et cas, les verbes dans leurs temps et personnes. La variation d'un cas ou d'une personne à l'autre ne change rien à la disposition primitive des syllabes, quand le mot ne s'en trouve pas allongé; mais s'il en est autrement, il peut en résulter un changement de lieu pour la syllabe forte. Cet allongement d'un mot prend le nom de *crément*[1]. Nous n'avons à nous occuper que des circonstances où la présence du crément amène une pénultième faible, toute autre rentrant dans la règle ordinaire de la pénultième forte, règle qui est générale pour les mots de deux syllabes.

137. A. Créments des Noms.

Les créments du singulier sont seuls nécessaires à observer, ceux du pluriel en gardant toujours l'accentuation et se trouvant d'ailleurs, en ce qui leur est propre, soumis à une règle générale.

La première déclinaison n'a point de crément au singulier, et la seconde n'en a que pour les noms en *r;* il produit une syllabe faible : *PUer, PUeri*, en sorte que la syllabe forte ne change pas de place.

Le crément de la troisième déclinaison tombant sur un *a* produit une syl-

[1] Du latin *incrementum*, accroissement.

abe faible dans les noms neutres en *a* et les génitifs en *adis, aris*: *DiaDE-ma, diaDEmatis, LAMpas, LAMpadis, NECtar, NECtaris. E* crément est faible dans les mots *SEges, SEgetis*, et dans les noms neutres en *us*, *NEmus, NEmoris. I* et *Y* sont également faibles : *HOmo, HOminis, SI-lex, SIlicis, CAput, CApitis, CHLAmys, CHLAmydis, MARtyr, MARtyris, CAlix, CAlicis, FIlix, FIlicis, FORnix, FORnicis, SAlix, SAlicis. O* est faible dans les noms neutres, comme : *Ebur, Eboris, PECtus, PECtoris, MARmor, MARmoris* et de plus dans *ARbor, ARboris, Inops, Inopis, COMpos, COMpotis, LEpus, LEporis, MEmor, MEmoris, PRÆcox, PRÆ-cocis, TRIpus, TRIpodis. U* est faible dans *CONsul, CONsulis, MURmur, MURmuris, TURtur, TURturis, PEcus, PEcudis.*

Pour la quatrième et la cinquième déclinaison, le crément suit la règle générale, qui veut qu'une voyelle suivie d'une autre voyelle soit faible : *MAnus, MAnui*, sauf la circonstance déjà indiquée (292) de l'*e* entre deux *i SPEcies, speciEi.*

Les créments du pluriel suivent, comme nous venons de le dire, ceux du singulier, et dans ceux qui lui appartiennent en propre, *I* et *U* sont toujours faibles.

138. B. Créments des Verbes.

A, dans la pénultième des créments, n'est faible que dans les composés du verbe *do, cirCUMdabit, pesSUMdabit.*

E est faible dans tous les temps terminés en *eram, erat*, etc., *ero, eris*, etc., *erim, eris*, etc., et aux secondes personnes du futur passif en *beris, bere, FUeram, LEgero, auDIerim, celeBRAberis, imiTAbere.* Remarquez que dans les verbes où ces terminaisons arrivent à la suite d'une voyelle, cette voyelle devient forte, contrairement à l'usage général indiqué plus haut (292). Observez aussi que, dans les terminaisons qui viennent d'être indiquées, n'est pas comprise celle de l'imparfait du subjonctif passif en *erer* : à la première personne, cette finale se prononce comme les autres, mais aux suivantes où se montre un second crément l'*e* est fort : *AudiE-rer, eREris, eREtur, eREmur, eREmini, eRENtur.*

I est faible dans les pénultièmes des créments, *canTAbimus, AUdimus, SOLvitur, seQUImini*, excepté dans *posSImus, veLImus, noLImus, maLImus.*

O est toujours fort, en tant que pénultième d'un crément de verbe.

U est faible : *POSsumus, VOlumus, NOlumus.* Il n'y a d'exception que pour les participes du futur actif *amaTUrus, condiTUrus.*

Pour terminer ce qui concerne les verbes, remarquons que la pénultième des participes passés passifs, dont la forme est d'un si fréquent usage, n'est faible que dans un petit nombre de mots, savoir : dans les composés des verbes *do*, *eo*, *ruo*, *cirCUMdatus*, *præTEritus*, *DIrutus*, et dans les mots en *itus* qui ne sont pas de la quatrième conjugaison, comme *MOnitus*, *COGnitus*, *CONditus*, etc., en exceptant *arcesSItus*, *cuPItus*, *lacesSItus*, *oBLItus*, *quæSItus*.

139. L'accentuation est donc la distinction entre le degré de force donné aux mots dans la prononciation; elle existe, tant dans la parole parlée que dans la parole chantée. Lorsque les chants sont bien faits, ils sont écrits de manière à faire sentir davantage encore cette accentuation; mais il est surtout nécessaire de s'instruire à cet égard, pour débiter convenablement les pièces qui, dans les textes de l'office, ne sont pas accompagnées de notation. Il faut soigneusement distinguer l'accent *tonique* de l'accent *phonique*. L'accent tonique amène une division des syllabes en trois espèces : syllabes *fortes*, *faibles* et *moyennes*. Il ne peut jamais y avoir qu'une syllabe forte dans un mot, et elle doit être l'une des trois dernières. La syllabe faible suit toujours la syllabe forte et ne peut être que la dernière ou l'avant-dernière. Les syllabes sont fortes ou faibles par *nature* ou par *position*. Dans les mots de deux syllabes, de quelque espèce qu'ils soient, la première est toujours forte, à l'exception des mots hébraïques, où cette force appartient à la dernière. Dans les mots suivis d'un monosyllabe qui en dépend, la dernière syllabe s'affaiblit sans que d'ailleurs l'accent propre au mot lui-même se déplace. On a des moyens de reconnaître la place de la syllabe forte dans les mots polysyllabiques, d'abord par la composition matérielle de la terminaison, en raison des lettres mêmes qui forment les trois dernières syllabes et ensuite dans les mots déclinables ou conjugables, par la manière dont leurs cas, leurs temps et leurs personnes se modifient en suite de l'accroissement d'une ou de deux syllabes.

CHAPITRE XXVI.

DE LA PSALMODIE.

§ I. DE LA PSALMODIE EN GÉNÉRAL.

140. La psalmodie est une récitation qui, comme l'indique son nom, s'applique aux textes, si nombreux, de l'office, connus sous le nom de psaumes. Tout psaume est divisé en versets, et chaque verset est coupé vers son milieu, en raison du sens des paroles ; de telle sorte que l'on puisse y pratiquer un repos plus long qu'ailleurs. Le mouvement ascendant ou descendant des tons qui entrent dans la psalmodie ne varie pas continuellement. L'ébranlement mélodique a lieu, tantôt au commencement, au milieu et à la fin de chaque verset, tantôt au milieu et à la fin, tantôt enfin à la terminaison seulement. Lorsque cet ébranlement n'a lieu nulle part, ce n'est plus réellement du chant, ce n'est qu'une récitation, dont nous n'avons pas à parler. Dans le premier des trois cas énoncés, la voix commence sur un degré convenu, parcourt quelques intervalles, pour arriver à la teneur, dominante ou corde chorale du mode (67), s'y arrête et s'y maintient, jusqu'à ce que le sens, plus ou moins coupé, vers le milieu du verset, donne à la voix l'occasion de faire un nouveau mouvement ; elle reprend ensuite la teneur au moment d'arriver à la fin, elle se meut pour la dernière fois, en formant la conclusion. Le premier de ces mouvements s'appelle *intonation, inchoation* ou *début*, le second, *médiation*, et le troisième, *terminaison*; la note sur laquelle se maintient la voix, et qui, dans les psalmodies régulières est toujours corde chorale du mode, conserve le nom de *teneur*. Ainsi qu'on vient de le dire, il y a des chants de psaumes où se montrent à la fois ces trois marques distinctives ; d'autres n'en possèdent que deux ; d'autres, enfin, n'en ont qu'une seule.

141. Dans les psaumes ordinaires, l'inchoation, proprement dite, n'a lieu qu'au premier verset. Tous les suivants se poursuivent, en attaquant les premiers mots sur la teneur ou corde chorale. Dans les cantiques évangéliques, *Magnificat* et *Benedictus*, on reprend l'inchoation à chaque verset. Cette règle, que certains diocèses ont tort de ne pas suivre ou de ne suivre qu'imparfaitement, donne à ces cantiques un cachet particulier, qui en augmente l'intérêt. Dans les psalmodies fériales, on entonne le premier verset sur la teneur, sans donner au commencement aucune marque distinctive. C'est ce que l'on nomme inchoation *directe* ou *directanée*; cet usage n'est pas universellement suivi. L'inchoation ne porte jamais que sur les deux premières syllabes du verset. Dans ce qui concerne la psalmodie, nous nous servirons toujours de préférence du mot *inchoation* [1],

[1] Du mot latin *inchoare*, commencer.

parce que le terme *intonation* a une signification trop générale.

142. Il n'y a presque rien à dire sur la conduite de la psalmodie, lorsqu'elle a touché la teneur, corde chorale ou dominante du mode. Arrivée à ce point, la voix débite, comme dans la récitation, autant de syllabes qu'il est nécessaire pour joindre la médiation, et après l'avoir effectuée, elle reprend la teneur et ne la quitte que pour la terminaison. Certaines psalmodies changent de teneur après leur médiation, et ont ainsi deux teneurs. Ces psalmodies sont irrégulières et modernes pour la plupart; il en sera parlé en lieu convenable. Enfin, l'on doit citer pour mémoire des psalmodies bizarres, dont la teneur change d'un verset à l'autre, et qui, par conséquent, sont plus irrégulières encore que les précédentes.

143. L'endroit où le verset se trouve partagé par la médiation, est, dans les psautiers modernes, indiqué au moyen d'une astérisque*; cette médiation se reproduit de la même manière dans tous les versets, sauf la survenance de quelque mot, qui exige une prononciation particulière; circonstance dont on parlera plus tard, et dont l'application sera faite à chacun des modes, en ce qui lui est propre. La médiation porte sur quatre syllabes, dans cinq des huit modes; dans les autres elle n'en affecte que deux. Dans certains versets qui outrepassent l'étendue habituelle, et dont le sens autorise à partager la première partie en deux divisions, quelques localités admettent une double médiation. Alors, ou l'une et l'autre s'exécutent de la même manière, ou bien la première a une tournure spéciale. Au reste, cette particularité de deux médiations n'est, comme on vient de le dire, qu'une convenance locale assez rare et bonne à suivre seulement là où elle est établie, et nullement utile à imiter. Une seule médiation suffit; en faire plusieurs, c'est altérer sans aucun avantage la forme véritable de la psalmodie.

144. La terminaison, autrement l'*e u o u a e* (*seculorum amen*), est ce qui, dans la psalmodie, mérite le plus d'attention et offre le plus de différences. En effet, les inchoations et médiations fixées pour chaque mode n'ont d'autres dissemblances que celles qui concernent les cantiques évangéliques et les introïts, et ne varient pas plus que la teneur de ces mêmes modes, tandis que dans un mode unique, la terminaison offre souvent de nombreuses variétés. Elles naissent de ce que tout psaume se liant, soit à un autre psaume, de même mode et de même terminaison, avec lequel il ne fait en quelque sorte qu'un corps, soit avec une *antienne* qui en est la conclusion, il faut pour ce dernier cas que la conclusion du psaume soit assortie au début de l'antienne. Il va sans dire que la terminaison ne saurait varier d'un verset à l'autre dans un même psaume, à moins qu'il ne s'agît d'un psaume *à divisions*, chacune des divisions étant alors considérée comme un psaume isolé. Quelles que soient les variétés de terminaison, elles ne portent jamais sur plus de cinq syllabes dans le quatrième mode ni sur plus de quatre dans tous les autres.

145. L'inchoation offre peu de difficulté. Elle se présente de deux manières : ou l'on n'y trouve que des notes détachées les unes des autres, ou elle en présente deux sur une même syllabe. Dans le premier cas, l'adaptation des paroles au chant a lieu syllabiquement, c'est-à-dire que chaque syllabe forte ou faible s'applique à une note différente :

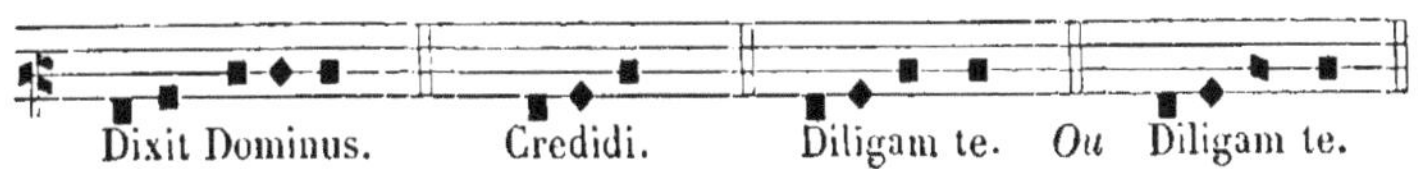

Dans le second cas, la syllabe faible s'exprime sur le degré de celle qui la suit immédiatement :

146. A l'égard de la médiation et de la terminaison, leur régularité repose sur deux principes, dont il faut avant tout se bien pénétrer :

1° Toute syllabe faible de nature ou affaiblie par position est considérée comme nulle, dans le compte à faire des syllabes, pour qu'elles s'unissent correctement aux mélodies médiative et terminative ;

2° Lorsque dans la médiation et la terminaison la mélodie s'élève d'un ou de deux degrés au-dessus de la teneur, la syllabe appliquée à ce degré doit indispensablement être une syllabe forte, et ne saurait être ni un monosyllabe dépendant du mot qui le précède, ni la dernière syllabe d'un mot, ni à plus forte raison une syllabe faible; elle doit être ou une syllabe forte ou une moyenne du milieu d'un mot.

Ces deux principes vont être développés dans les paragraphes suivants, et l'exposé des psalmodies de chaque mode en offrira continuellement l'application.

147. Toute syllable faible ou affaiblie ne comptant pour rien, c'est-à-dire n'ayant pas droit à un degré qui lui soit propre, emprunte ce degré, soit à la syllabe qui le précède, soit à celle qui le suit. Voici comment s'établit la différence : si la mélodie descend d'une manière quelconque ou monte par degré diatonique ou conjoint, on prononce la syllabe faible ou affaiblie sur le degré qui suit :

Si la mélodie monte par saut, c'est-à-dire enjambe d'un ou de plusieurs degrés, la syllabe faible se prononce sur le degré précédent :

148. D'après la seconde règle (146), lorsque, parmi les notes caractéristiques de la médiation ou de la terminaison, c'est-à-dire parmi celles qui abandonnent la teneur, il s'en trouve qui s'élèvent au dessus de celle-ci, elles ne peuvent recevoir ni une syllabe moyenne terminant un mot, ni un monosyllabe dépendant du mot précédent, ni une syllabe faible ou affaiblie, à moins qu'il ne s'agisse de la syllabe qui précède l'astérisque, autrement, de celle qui vient la dernière dans la médiation, circonstance qui ne se présente qu'au septième mode. Si donc le texte présente une syllabe qui soit dans l'un de ces cas, elle ne peut s'appliquer à la syllabe qui excède la teneur et le droit qu'elle perd passe à celle qui la précède, à moins, bien entendu, qu'il ne s'agisse d'une syllabe faible, puisque celle-ci est considérée

1 Pour ne pas multiplier les exemples à l'infini, nous adaptons à une même notation la syllabe faible de nature et la syllabe affaiblie par position.

comme nulle et non avenue, et, en ce cas, il faut encore reculer d'une syllabe en arrière. La syllabe sur laquelle on aurait monté si elle eût possédé la qualité requise, se prononce alors sur le degré de celle qu'on lui a substituée :

In nati-o-nibus implebit ruinas. Cre-di-di propter quod locutus sum.

Dans le premier de ces deux passages, la note au-dessus de la teneur étant le *fa*, s'appliquait, relativement au nombre des syllabes, à la troisième avant-dernière ; mais cette syllabe étant *bit*, dernière du mot, on a dû prendre la précédente *ple* et les deux syllabes *bit* et *ru* se sont posées sur le degré suivant, où dans l'ordre ordinaire des choses il n'y en aurait eu qu'une. Dans le second passage, la troisième avant-dernière syllabe était *lo* et pouvait en elle-même s'appliquer à la caractéristique ; mais le mot dont elle faisait partie se terminait par *tus*, syllabe faible de position, et par conséquent n'entrant point en compte ; on a donc reculé d'une syllabe et l'on a trouvé *quod* monosyllabe attaché au mot précédent, qui n'était point non plus propre à l'anabase : en rétrogradant encore on a rencontré *pter*, finale d'un mot, qui ne pouvait non plus convenir; il a donc fallu aller encore plus en arrière, et c'est alors seulement que le mouvement d'ascension a pu être pratiqué régulièrement. Les syllabes défaillantes se sont placées à la suite de la syllabe active et, en somme, la note supérieure, destinée à la troisième avant-dernière syllabe, s'est définitivement appliquée à la sixième avant-dernière.

149. La médiation est en outre assujettie à une règle qui en altère momentanément la disposition. Dans les médiations qui se terminent en descendant, s'il se présente un mot hébraïque non décliné ou un monosyllabe précédé d'un mot polysyllabique, la dernière note de la médiation est supprimée, et les paroles se distribuent en conséquence; c'est ce qu'on appelle une *médiation rompue*. Si la médiation termine en montant, il n'y a aucun changement à faire. Il ne faut donc pas dire

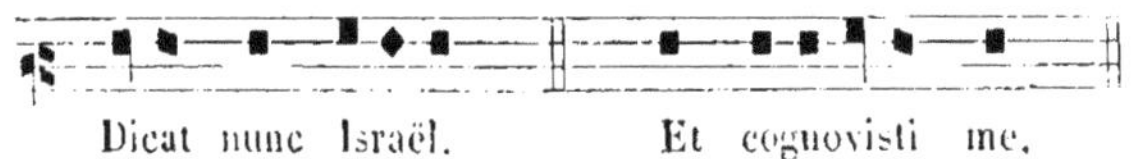

Dicat nunc Israël. Et cognovisti me.

Observez qu'ici, pour mieux faire sentir toute la force de la syllabe finale, on s'écarte de la règle ordinaire des syllabes faibles qui, dans le cas de l'anabase diatonique, se prononcent sur le degré de la note qui les suit (147) ; on les articule ici par la note qui les précède.

150. Les règles de la caractéristique ascendante de la médiation s'appliquent aussi à la caractéristique ascendante de la terminaison, qui, du reste, ne s'offre sous cette forme que dans les quatrième, cinquième et septième modes, tandis que pour la médiation elle se montre dans tous les modes, sauf dans l'une des variétés du sixième. La règle fléchit à l'égard de la terminaison du quatrième mode, qui est elle-même une exception, puisqu'elle affecte cinq syllabes, tandis que les autres modes n'en ont que quatre soumises à son influence. Lorsque la seconde partie du verset est trop courte pour remplir toute la mélodie de la terminaison, il faut se comporter comme nous venons de l'indiquer pour la médiation, c'est-à-dire supprimer autant de notes qu'il est nécessaire pour qu'il n'y en ait pas plus que de syllabes.

La terminaison complète avec la note de teneur serait

151. Il se rencontre parfois dans les terminaisons certaines coïncidences qui embarrassent pour la distribution des syllabes. Elles naissent de la combinaison d'une syllabe faible de nature avec une syllabe affaiblie par position, qui la suit immédiatement, comme dans les mots *ge*nui *te*, *sa*tiat *te diligen*tibus *te*, *a*djuva *me*, etc. Cette circonstance peut encore se compliquer d'une part, en raison des syllabes qui précèdent, par exemple *luci*ferum *ge*nui *te*, de l'autre, par suite du nombre et de la disposition des notes psalmodiques dans certaines terminaisons.

Il y a pour tous ces cas trois méthodes à suivre : la première est de s'attacher strictement à la règle, qui veut que les syllabes faibles ou affaiblies n'entrent point en compte dans la distribution (146), sans s'inquiéter des effets singuliers qui peuvent en résulter, et de la tournure incommode de la cantilène. En conséquence, on se conduit à l'égard de la syllabe faible et de la syllabe affaiblie, comme s'il s'agissait d'une faible ordinaire :

on en agit de même à l'égard des deux syllabes affaiblies, se suivant immédiatement :

Cette manière de disposer les syllabes n'a rien de choquant, pour le cas où il s'agit de deux voyelles réunies *gen*ui *te*, *sati*a*t te*; *ui* et *ia* se prononcent d'un seul coup de gosier, comme une diphthongue, mais on ne peut disconvenir que la prononciation des mots *diligen*-tibus *te*, *invoca*v*erimus te*, *a*djuva *me* en articulant les syllabes *tibus*, *rimus*, *djuva* comme s'il s'agissait d'une simple syllabe faible, n'est pas commode et donne au chant, quoi que l'on fasse, une tournure lourde, embarrassée et en quelque sorte mal en équilibre.

152. C'est sans doute pour avoir reconnu cet inconvénient que l'on a imaginé la seconde manière, qui consiste, dans les cas ci-dessus énoncés, à considérer la syllabe faible et la syllabe affaiblie comme recevant de leur réunion assez de puissance pour équivaloir à une syllabe moyenne, et à en exercer les droits. On donne alors plus de caractère à la note affaiblie qui, par le fait, est celle qui porte réellement dans la prononciation et entre en compte pour l'application à la mélodie terminative. D'après cette convention, les passages ci-dessus se chantent ainsi :

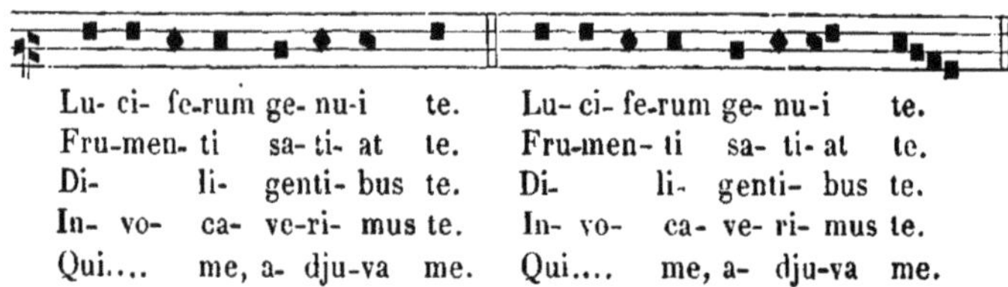

Cette manière de distribuer les syllabes est celle que nous préférons, et dont nous conseillons l'emploi dans les lieux où l'on hésite sur ce point.

153. C'est assez dire que nous ne saurions approuver et qu'au contraire nous condamnons de tout notre pouvoir la troisième manière, usitée cependant à Paris, mais qui ne saurait pour cela être excusée. Elle ne repose sur aucun principe, et bien plus, anéantit toute règle et toute raison, en faisant d'une syllabe essentiellement faible une syllabe essentiellement forte, sous cet étrange et vain prétexte que le mot ainsi défiguré est suivi d'un monosyllabe. Il affaiblit, dit-on, la dernière syllabe, d'où l'on tire cette singulière conclusion, qu'il rend la pénultième forte, bien qu'elle soit par elle-même faible de prononciation et brève de quantité. On chante donc :

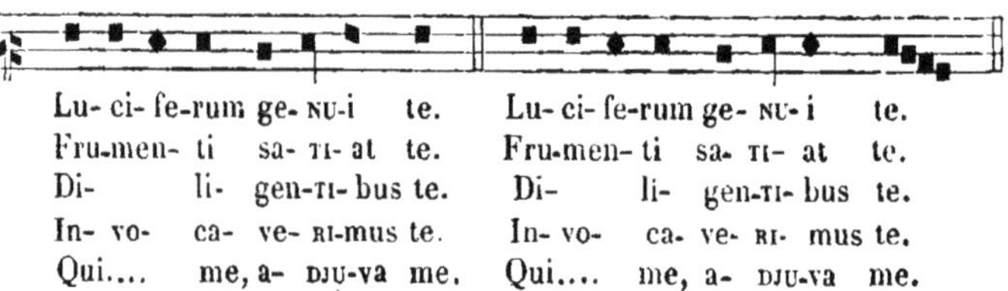

Ainsi, parce que l'observation rigoureuse de la règle offrait quelque incommodité, on y a substitué un usage qui choque à la fois le goût et le bon sens et viole ouvertement tout le principe de l'accentuation, puisque la transposition de l'accent ne saurait avoir lieu dans un mot par influence du mot qui suit. Il est triste de savoir qu'une erreur si grave soit admise et enseignée dans un grand nombre de diocèses français, d'où il sera fort difficile de l'extirper.

154. En quelques diocèses, on emploie pour désigner les terminaisons de psaumes, quatre séries de lettres que l'on représente et que l'on appelle ainsi :

Majeures :	A	B	C	D	E	F	G.
Mineures :	a	b	c	d	e	f	g.
Majeures couchées :	*A*	*B*	*C*	*D*	*E*	*F*	*G.*
Mineures couchées :	*a*	*b*	*c*	*d*	*e*	*f*	*g.*

Chacune de ces quatre espèces désigne toujours le même degré de l'échelle, mais employé dans un cas différent. Les lettres *majeures* marquent la finale naturelle du mode, autrement, les terminaisons complètes, et les lettres mineures indiquent toutes les autres; mais comme il y a souvent plusieurs terminaisons qui s'achèvent sur le même degré, après avoir suivi une marche mélodique différente, on se sert de lettres *couchées* pour désigner ces variétés, et quelquefois encore on fait suivre la lettre d'une étoile ou bien on la surmonte d'un accent pour indiquer une variété nouvelle; ou bien encore s'il s'agit d'une terminaison en C ou UT, on place une cédille sous le *c*. Dans le premier mode, il y a une terminaison marquée J, et l'on a prétendu que cette particularité était née du rapport qu'avait ladite lettre avec la *queue du chant* de cette terminaison, qu'on appelle *du premier en grand* J; nous pensons plutôt que la lettre n'est autre chose qu'un *i*, correspondant au chiffre 1, et que l'on en a fait usage en cette occasion, parce que le D et le *D* étaient déjà employés. La terminaison étant, dans les livres de chant, écrite en tête de chaque antienne, ces lettres nous paraissent fort inutiles, et peuvent, sans aucun inconvénient, être supprimées.

§ II. DE LA PSALMODIE DU PREMIER MODE.

155. Les traits principaux qui caractérisent les psalmodies du premier mode, sont rassemblés dans le tableau suivant :

Initiale *FA*, tierce mineure de la finale.

Teneur et repos de la médiation *la*, quinte de la finale et tierce majeure de l'initiale.

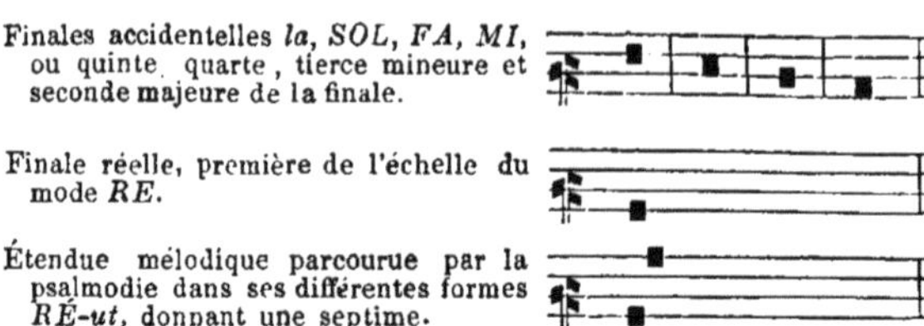

156. L'office férial n'a pas d'inchoation proprement dite ; pour le premier mode, comme pour tous les autres, on entonne tout droit sur la teneur ou corde chorale, comme pour un verset courant, ce qui n'offre en aucun cas la moindre difficulté.

L'inchoation festivale a lieu sur la tierce de la finale, en montant par degrés à la dominante. Elle se trouve ainsi composée de trois notes conjointes ; la seconde est toujours liée à la troisième, de telle sorte que ces deux notes doivent passer sur une syllabe unique.

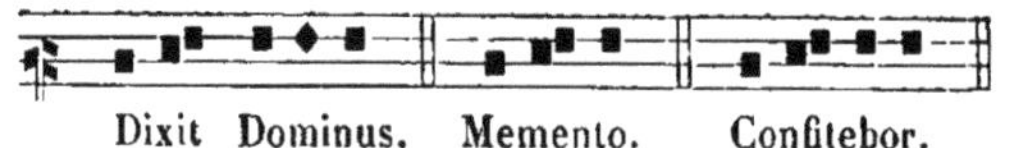

Si la seconde syllabe du premier mot est faible, soit par nature, soit par position, cette seconde syllabe se chante sur le second degré et les deux notes liées passent sur la troisième syllabe.

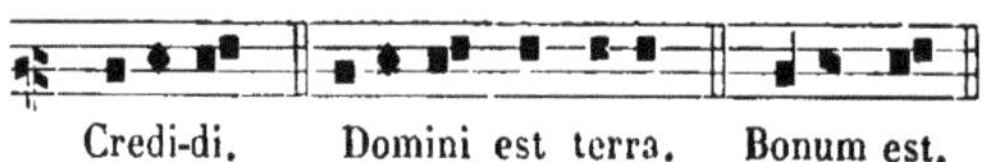

157. L'inchoation de la psalmodie du premier mode est universelle ; il en est autrement de la médiation, qui offre trois variétés.

On pourrait ne tenir aucun compte de la première, qui consiste dans la simple prolongation de la teneur, sans changement de degré, de même que nous avons traité comme nulle l'inchoation fériale (156). On s'en sert en France dans les églises qui prétendent suivre le chant romain, prétention mal fondée, la véritable psalmodie romaine étant celle dont nous parlons dans les paragraphes suivants. On conçoit qu'une telle médiation n'offre aucun embarras, puisque tout s'y borne à suivre les règles de la récitation.

Domino meo. Pueri Dominum. Locutus est. Arguas me. Et e-ripe me.

La seconde sert à Rome pour les féries ; elle affecte les quatre dernières syllabes de la manière suivante. Le monosyllabe final et le mot hébraïque ne produisent aucune altération.

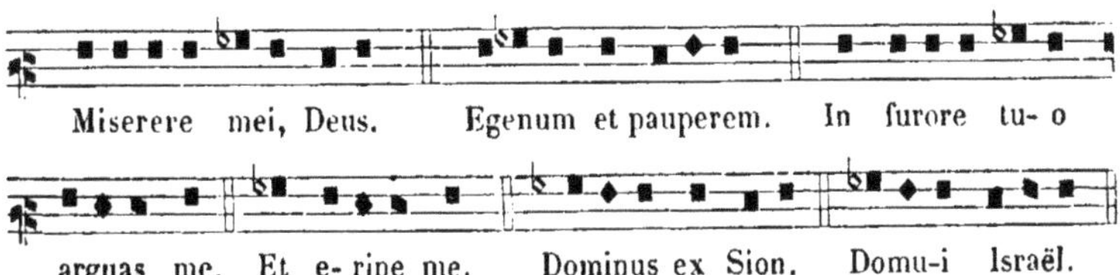

La troisième manière de faire la médiation est celle du diocèse de Paris, et n'est autre que la médiation fériale précédente, à laquelle on enlève le *si* ♭, en sorte que la teneur continue jusqu'à la pénultième syllabe, sur laquelle on descend d'un ton, puis, pour la dernière on reprend la teneur ; cette manière ne laisse pas plus d'embarras pour la distribution des syllabes, que la psalmodie directanée ; à l'égard des deux dernières syllabes, tout se passe comme dans les exemples précédents. Elle sert également pour les fêtes et pour les féries.

Dans la psalmodie festivale de Rome on opère comme il suit :

1° Sur la quatrième syllabe, en rétrogradant depuis l'astérisque, on reproduit d'abord la note de teneur, que l'on coule sur le semidiaton supérieur, c'est-à-dire sur le *si* ♭ ; 2° on la répète en lui affectant l'antépénultième syllabe ; 3° on la reproduit de nouveau à la pénultième, et sur cette même syllabe on descend d'un degré ; 4° ce même degré se réitère pour la dernière syllabe, en le coulant sur la teneur qui termine la médiation ; le tout, bien entendu, abstraction faite des syllabes faibles.

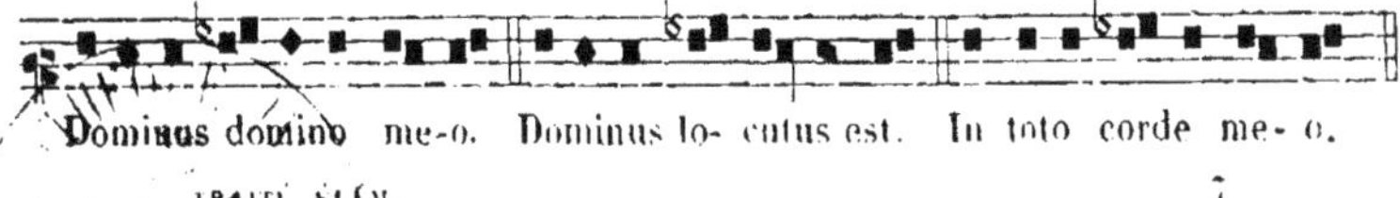

Dans beaucoup d'usages, le *SOL* qui précède la dernière note ne se fait qu'au premier verset; aux suivants, on dit simplement :

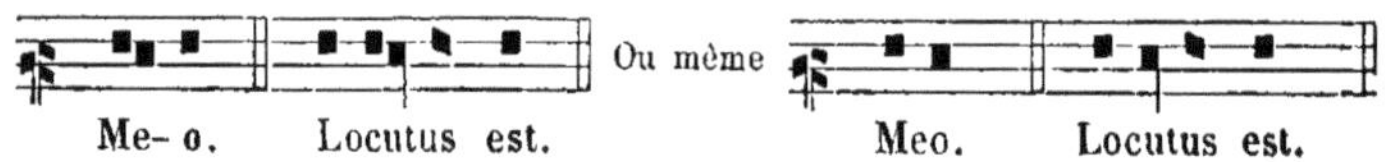

et en quelques endroits on chante aussi de la même manière le premier verset.

158. Les terminaisons du premier mode affectent les quatre dernières syllabes. Celles dont on fait usage à Rome viennent les premières et sont toujours marquées d'une †. Nous avons marqué celles du diocèse de Paris par les lettres indicatrices qui les déterminent plus spécialement.

L'adaptation des syllabes aux notes, dans les terminaisons du premier mode, offre peu de difficulté, parce que la voix n'y montant pas au-dessus de la dominante, il n'y a point à s'inquiéter de la distribution des syllabes finales, et cette facilité s'étend à toutes les terminaisons, puisque les prolongements ne partent que de l'avant-dernière syllabe, laquelle porte toujours sur le *SOL* ou le *la*.

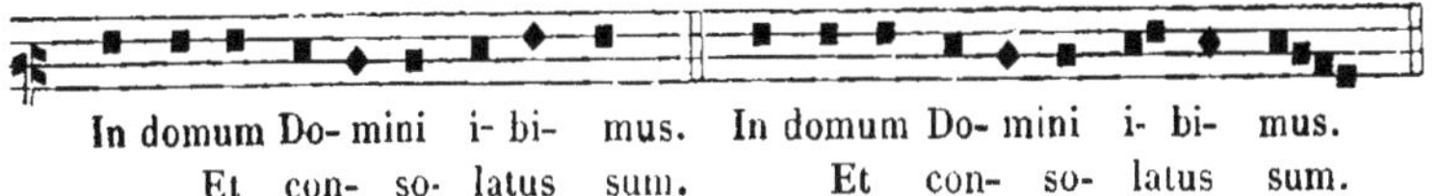

Il n'y a de difficulté que pour le cas déjà indiqué du concours de deux syllabes faibles. Comme nous en avons fait l'application aux deux terminaisons du premier mode, il est inutile d'en donner ici de nouveaux exemples.

La psalmodie des cantiques évangéliques ne se différencie de la psalmodie ordinaire que par la reproduction de l'inchoation à chaque verset, qui même n'existe pas partout.

§ III. DE LA PSALMODIE DU DEUXIÈME MODE.

159. Il s'en faut de beaucoup que la psalmodie du deuxième mode soit aussi solennelle dans sa médiation et aussi riche dans ses terminaisons que l'est celle du premier. Voici quels sont ses signes caractéristiques :

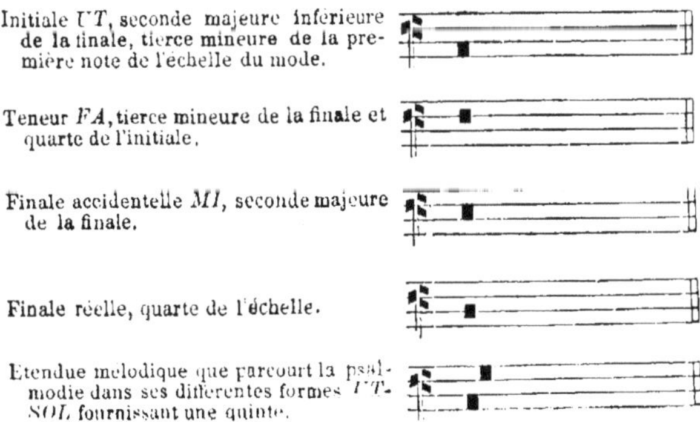

160. L'inchoation fériale est nulle, puisqu'elle se prend directement sur la teneur

Dixit insipiens. Miserere. Domine.

L'inchoation festivale a lieu en partant du degré au-dessous de la finale, d'où l'on passe à celle-ci, pour ensuite se porter à la teneur; chacune des trois notes de l'inchoation correspond à une syllabe, quelle que soit d'ailleurs, comme on va le voir, la qualité de celles-ci:

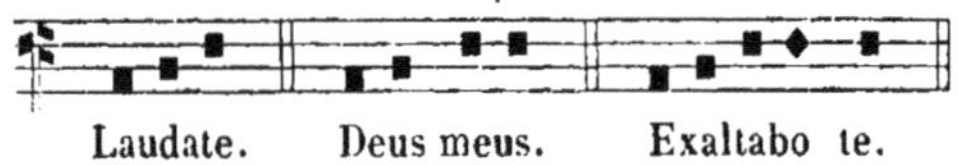
Laudate. Deus meus. Exaltabo te.

Si la seconde syllabe est faible, on lui donne la durée d'une semibrève, mais sans reposer la troisième syllabe sur le même degré.

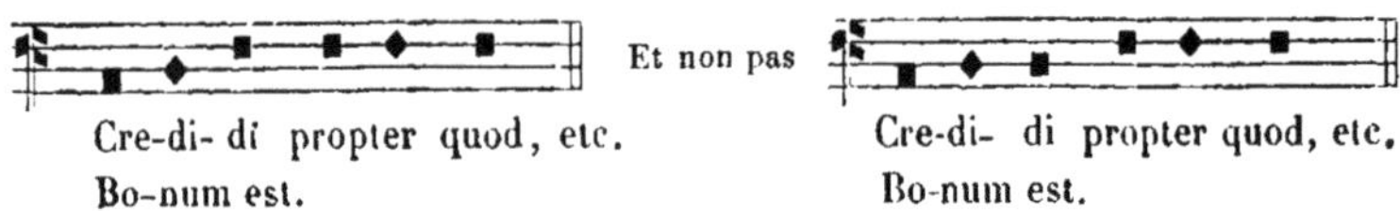

Cre-di- di propter quod, etc. Bo-num est.
Cre-di- di propter quod, etc. Bo-num est.

C'est falsifier l'inchoation que de dire comme quelques-uns :

Credidi. *Ou* Domine.

161. La médiation dans la psalmodie du deuxième mode n'affecte que les deux dernières syllabes de la première moitié du verset, bien entendu abstraction faite des syllabes faibles. Elle se pratique en montant syllabiquement d'un degré au-dessus de la teneur et il faut en conséquence que ce degré porte une syllabe forte ; on redescend aussitôt sur la syllabe suivante.

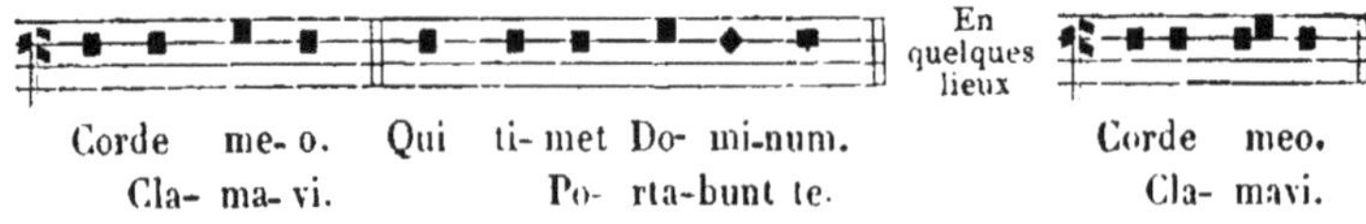

Corde me- o. Qui ti- met Do- mi-num. Cla- ma- vi. Po- rta-bunt te. Corde meo. Cla- mavi.

Si la médiation tombe sur des mots hébreux non déclinés ou sur des monosyllabes venant à la suite d'un mot polysyllabique, c'est le cas d'une médiation rompue ; on agit alors comme si ces mots avaient possédé une syllabe de plus ; mais cette syllabe n'existant pas, on ne la représente pas non plus dans la mélodie, qui alors, au lieu de revenir se poser sur la teneur, s'arrête sur le degré qui lui est immédiatement supérieur ; c'est ce qu'on appelle *tronquer la médiation.*

Parce que, lorsque deux monosyllabes se suivent, unis par le sens, ils équivalent à un mot dissyllabique ; par conséquent il faut dire :

162. Parmi les terminaisons du deuxième mode, une seule est universellement usitée.

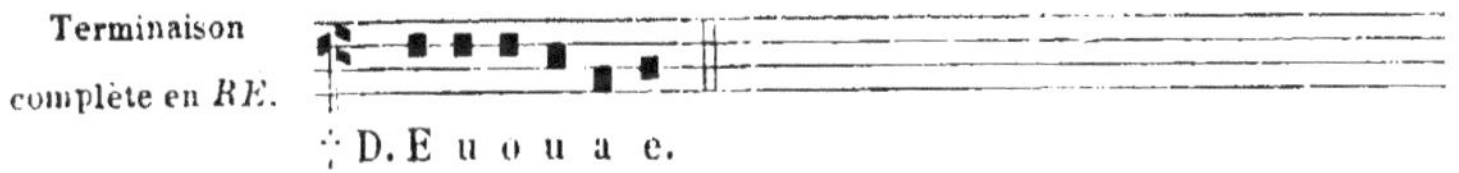

Dans cette finale, la distribution des syllabes n'offre aucune difficulté. Abstenez-vous seulement de la barbare habitude de transposer la syllabe forte sur la syllabe faible, suivie du monosyllabe, et ne dites pas, comme l'on fait à Paris

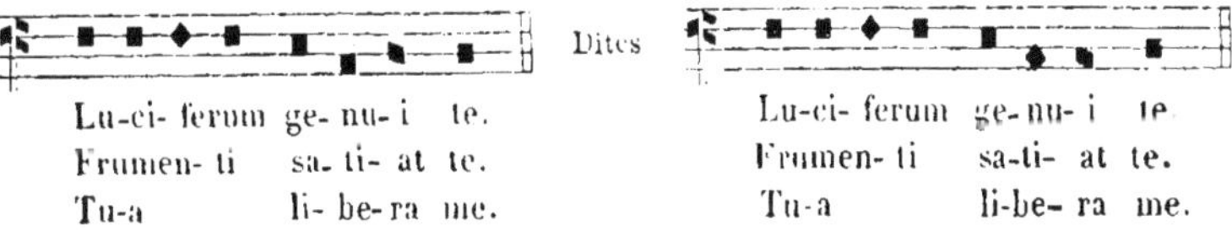

Observez qu'en ce cas les dernières syllabes des mots *genui*, *satiat*, *libera* doivent se faire, non sur le degré de la syllabe suivante, mais sur celui qui leur appartiendrait si elles étaient syllabes communes, autrement le degré qu'elles représentent n'aurait plus assez de consistance.

En s'en tenant strictement à la règle il faudrait dire :

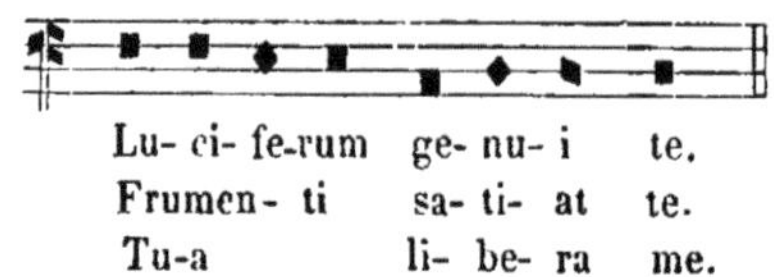

163. La psalmodie des cantiques évangéliques varie dans l'inchoation et la médiation; la terminaison reste la même.

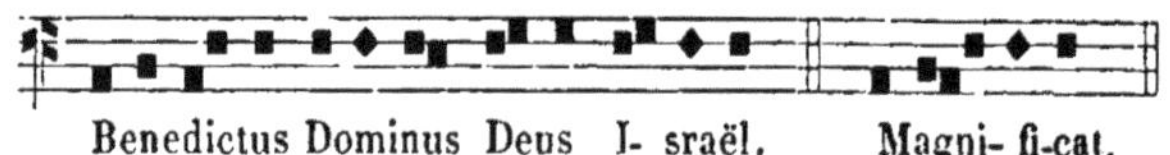

Il est évident que dans cette médiation la règle relative aux mots hébraïques et aux monosyllabes ne subsiste plus, en raison du coulé pratiqué sur l'antépénultième.

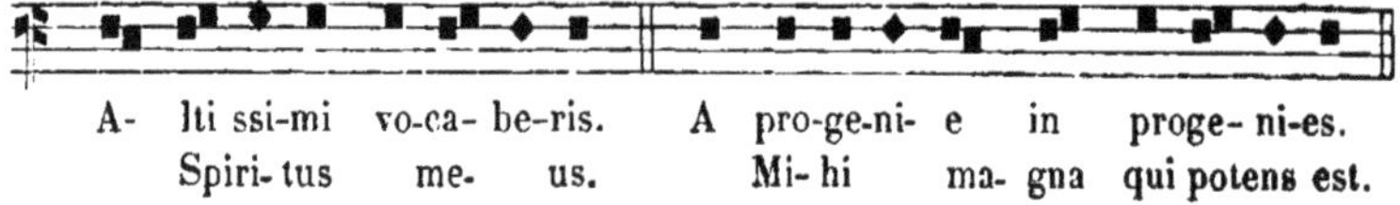

§ IV. DE LA PSALMODIE DU TROISIÈME MODE.

164. La psalmodie du troisième mode est beaucoup plus variée que celle du second. Voici les traits qui la caractérisent :

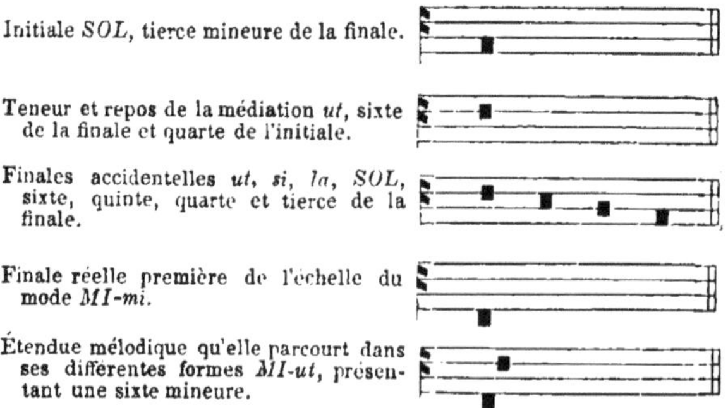

165. L'inchoation fériale, dans la psalmodie du troisième mode, a lieu comme de coutume sur la teneur du mode :

L'inchoation festivale se fait sur les deux premières syllabes, en partant du *SOL*, tierce de la finale, appliqué à la première syllabe du verset; sur la seconde, on fait entendre la quarte du mode et sa sixte, où la teneur prend sa base; la distribution des syllabes faibles se fait comme de coutume et de la manière détaillée plus haut, en parlant du premier mode.

On voit que cette inchoation est celle du deuxième, portée une quinte plus haut et dans laquelle, au lieu de placer les seconde et troisième notes sur les secondes et troisième syllabes, on les coule toutes deux sur la deuxième.

166. La médiation porte sur les quatre dernières syllabes qui précèdent l'astérisque et s'exécute de deux manières; mais là où l'on emploie l'une, l'autre est absolument exclue. La première, qui est celle de Rome, consiste dans l'élévation d'un ton, en partant de la teneur : cette élévation a lieu sur la troisième avant-dernière syllabe, qui est caractéristique de la médiation; sur la suivante, on revient à la teneur, puis on articule en descendant deux degrés diatoniques sur la pénultième, d'où l'on retourne encore à la teneur, sur la dernière syllabe :

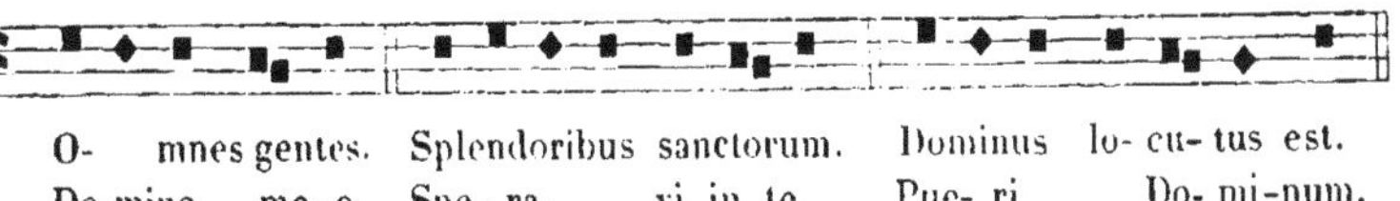

Remarquez ici l'application de la règle (147) qui veut qu'on ne place la syllabe faible sur le degré ascendant, qu'autant qu'elle ne monte que d'un degré, ce qui fait qu'on ne chante pas :

La seconde manière de faire la médiation du troisième mode n'est qu'une corruption ou aplatissement de celle qu'on vient de voir : on monte d'un degré sur la quatrième avant-dernière syllabe, puis l'on descend sur la teneur et l'on y prononce les trois syllabes restantes :

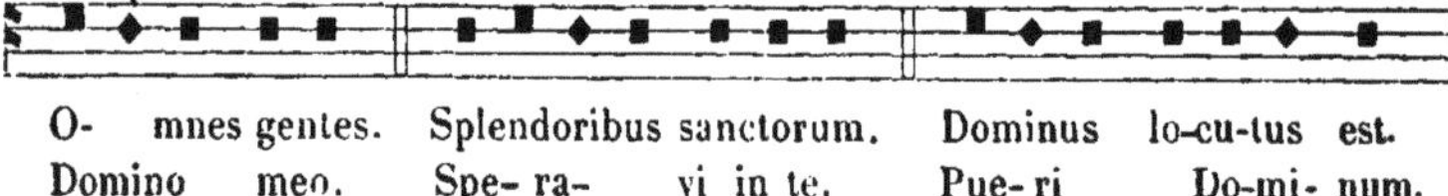

L'une et l'autre de ces médiations ne laissent aucun embarras pour les mots hébraïques non déclinés, et pour les monosyllabes, puisque dans la première la voix monte naturellement sur la dernière et que dans la seconde elle reste sur le même degré :

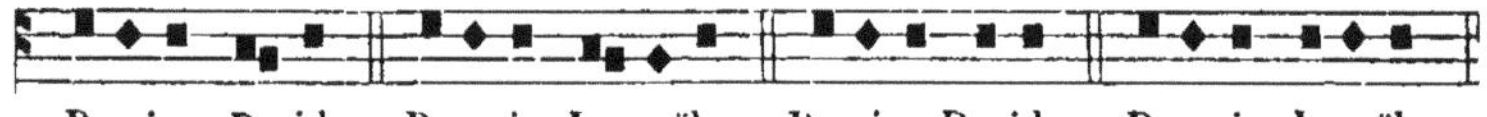

167. La psalmodie du troisième mode a quatre terminaisons incomplètes : en *ut,* qui est sa teneur, en *si,* en *la* et en *SOL.* La terminaison complète en *MI* est de toutes la moins usitée. Le vrai et antique chant romain ne l'admet nullement et ne connaît que deux finales incomplètes en *la* et en *SOL,* chacune ayant deux variétés. Le peu d'usage qu'on fait de la terminaison complète naît de l'éloignement où elle se trouve de la teneur dont elle est écartée d'une sixte, ce qui oblige à l'emploi d'une longue traînée pour y parvenir.

A l'égard des mots déjà signalés (151), dont la dernière syllabe est affaiblie par le monosyllabe qui suit immédiatement, on se comporte comme nous l'avons indiqué pour le premier mode ; c'est-à-dire que l'on suit strictement la règle ordinaire de distribution en disant :

Ou bien l'on compte la pénultième faible et la dernière affaiblie comme une seule syllabe moyenne ou commune, ayant, par conséquent, droit à une note réelle.

Dans le mot *diligentibus* se présenterait encore le cas que nous observions il y a un instant, et ceux qui imaginent des syllabes faibles dans les bisantépénultièmes diraient

On voit que cet arrangement est dépourvu de grâce et arrive même à gâter la mélodie.

Ce qui vient d'être dit s'applique aisément aux autres terminaisons.

168. La psalmodie des cantiques évangéliques ne diffère pas de celle des psaumes ordinaires, chaque église suivant celle des deux manières d'inchoation et de médiation dont elle a l'habitude. Quelle que soit la forme adoptée pour le *Magnificat*, il y a deux manières de l'entonner; la première représente davantage l'inchoation et la médiation du troisième mode :

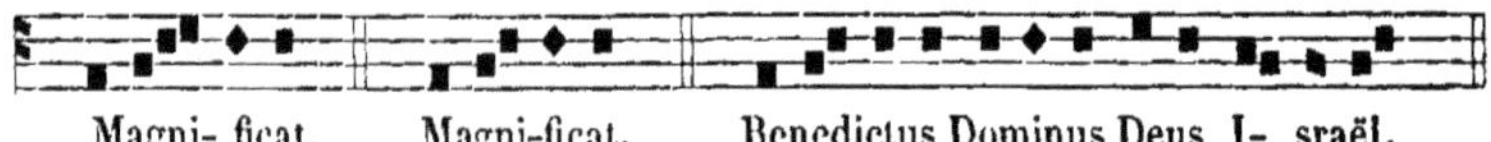

Dans cette psalmodie, c'est un tort de négliger le coulé, lorsqu'il est suivi d'une syllabe faible et de dire :

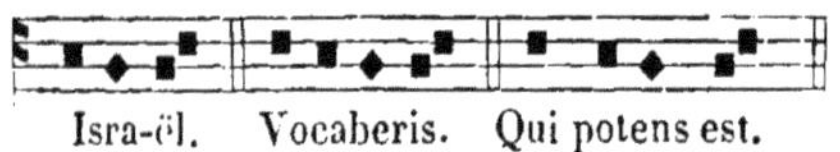

§ V. DE LA PSALMODIE DU QUATRIÈME MODE.

169. La psalmodie du quatrième mode est une de celles qui offrent le plus d'intérêt. Les principaux traits qui la distinguent sont les suivants :

170. L'inchoation fériale se pratique comme de coutume :

L'inchoation festivale affecte les deux premières syllabes du verset : sur la première on exprime la teneur, sur la seconde on descend d'un degré, puis on reproduit cette même teneur, qui est ici, comme on vient de le voir, la quarte de la finale. Les syllabes faibles de nature ou de position suivent la règle ordinaire.

171. La médiation porte sur les quatre dernières syllabes, avant l'astérisque : la quatrième en rétrogradant descend d'un degré, la suivante reprend la teneur, la pénultième monte d'un degré au-dessus, et la dernière revient à la teneur. La note à laquelle on doit prendre garde pour la distribution des syllabes est donc la pénultième.

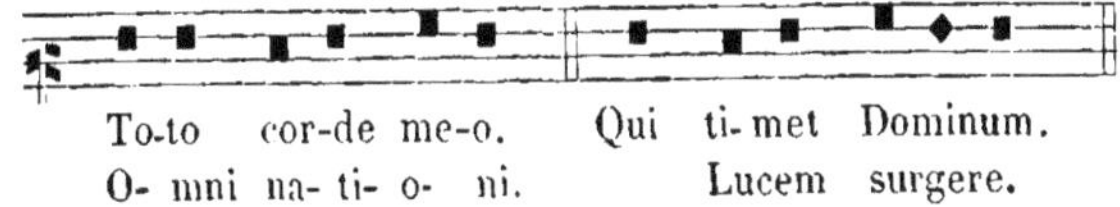

on doit dire, selon la règle :

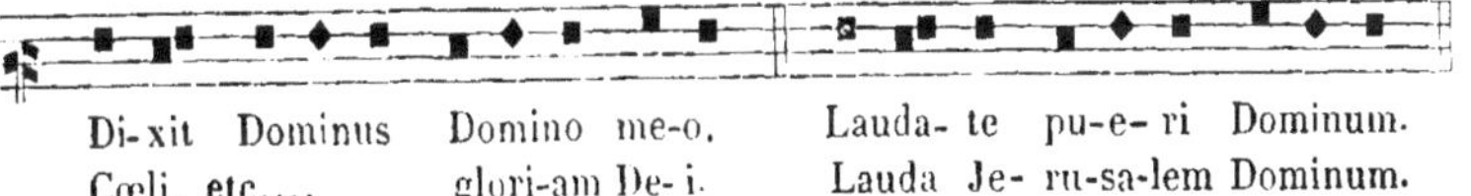

quoique l'usage ait prévalu en beaucoup de localités, lorsque la quatrième avant-dernière syllabe est faible, de la faire entrer en compte comme si elle était commune, tout en lui attribuant une durée moindre qu'à celles qui ont réellement cette qualité. Les syllabes suivantes se conforment à la règle ordinaire. On dit donc alors :

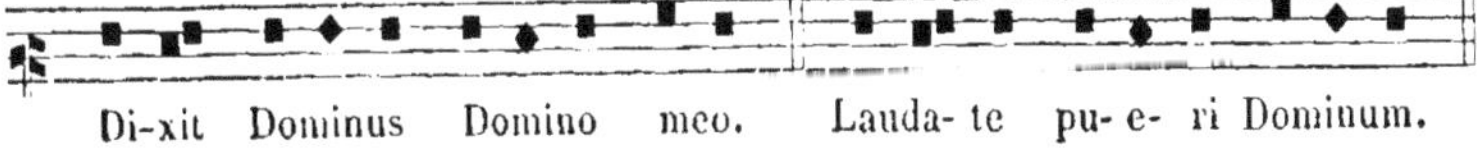

Pour les monosyllabes et mots hébraïques non déclinés, la dernière syllabe de la médiation se retranchant, l'inflexion se fait sur l'antépénultième et, en beaucoup d'endroits, le reste s'applique syllabiquement, même si la pénultième est faible.

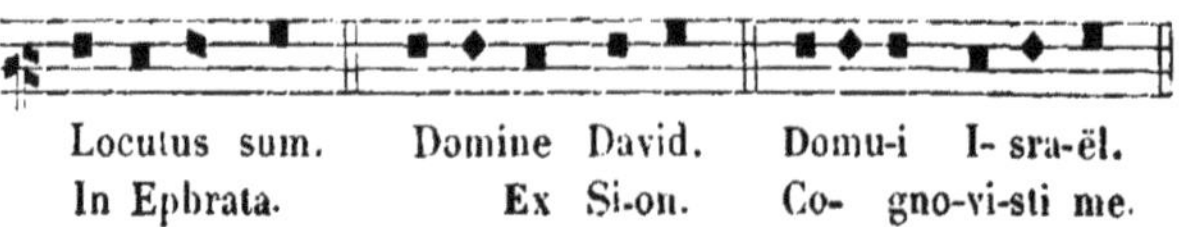

Il est mieux de ne point s'écarter de la règle et de dire :

172. Les terminaisons du quatrième mode, fort nombreuses, moins cependant que celles du premier, affectent les cinq dernières syllabes, et le quatrième mode est le seul dans ce cas.

La psalmodie des cantiques évangéliques ne diffère pas de celle des psaumes ordinaires.

173. Dans le diocèse de Paris, on a imaginé d'attribuer la première terminaison complète de Rome à un *quatrième mode en A* (il fallait dire en *a*). Il n'est aucunement vraisemblable que cette terminaison, d'une si belle et si noble simplicité, ait jamais appartenu à d'autres modes qu'au quatrième ordinaire. Cette beauté paraît, du reste avoir été peu sentie en France, où l'on en fait fort peu d'usage. En revanche, l'on a donné à cette prétendue *seconde espèce de quatrième mode*, plusieurs finales, dont voici les principales, que suivent aussi d'autres diocèses.

A Paris, on attribue encore au quatrième mode une psalmodie différente des précédentes, quant à la médiation et quant à la terminaison.

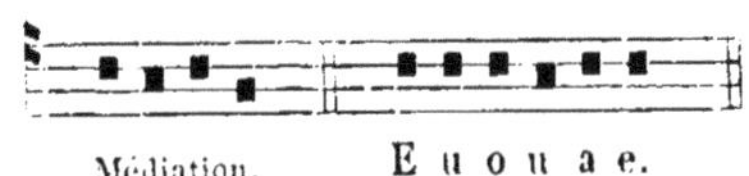

§ VI. DE LA PSALMODIE DU CINQUIÈME MODE.

174. Nous avons remarqué (86) que le cinquième mode est celui qui se rapproche le plus de la mélodie moderne, mais cette similitude est moins apparente dans la forme la plus ordinaire de la psalmodie que dans les pièces de chant proprement dit. Ses traits caractéristiques sont faciles à reconnaître.

Initiale *FA*, même degré que la finale et note fondamentale de l'échelle du mode.

Teneur et repos à la médiation *ut*, quinte de la finale.

Finales accidentelles en *ut*, *la*, *sol*; la seconde est la plus usitée, et même unique en beaucoup d'endroits.

Finale réelle première de l'échelle du mode *FA*-*fa*.

Etendue que parcourt la psalmodie *FA* *ré* formant une sixte majeure.

175. L'inchoation fériale se fait en prenant tout de suite la dominante

L'inchoation festivale a lieu sur la finale du mode; elle s'élève syllabiquement par sauts de tierce à la teneur ou dominante. Nous disons syllabiquement, parce que, dans la disposition des paroles par rapport à la mélodie, le premier saut de tierce se pratique indifféremment sur une syllabe forte, faible ou moyenne.

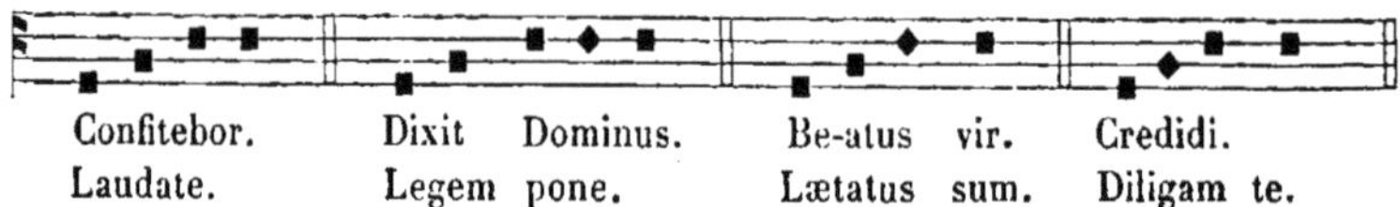

176. La médiation est exactement la même que pour la psalmodie du deuxième mode, c'est-à-dire qu'elle se pratique en montant d'un degré sur la pénultième syllabe et sur l'antépénultième, si l'avant-dernière est faible. Les règles données à cet égard pour le deuxième mode (161) sont toutes applicables ici, tant par les mots déclinés que par les mots étrangers et les monosyllabes.

177. La terminaison se forme en abandonnant la teneur à la troisième avant-dernière syllabe du verset, sur laquelle, dans la terminaison la plus répandue, on monte d'un degré, pour descendre sur la suivante d'une tierce mineure, remonter ensuite d'une seconde mineure, puis enfin redescendre d'une autre tierce mineure. Dans le plus grand nombre de formules complètes, il n'existe point de caractéristique au-dessus de la teneur; on descend d'une tierce, puis on gagne la finale du mode en différentes manières.

Les cantiques évangéliques n'ont point de psalmodie particulière.

§ VII. DE LA PSALMODIE DU SIXIÈME MODE.

178. La psalmodie du sixième mode, moins compliquée que celle du cinquième, a comme elle un caractère qui la rapproche sensiblement du mode majeur des modernes. Voici les principaux traits qui la distinguent :

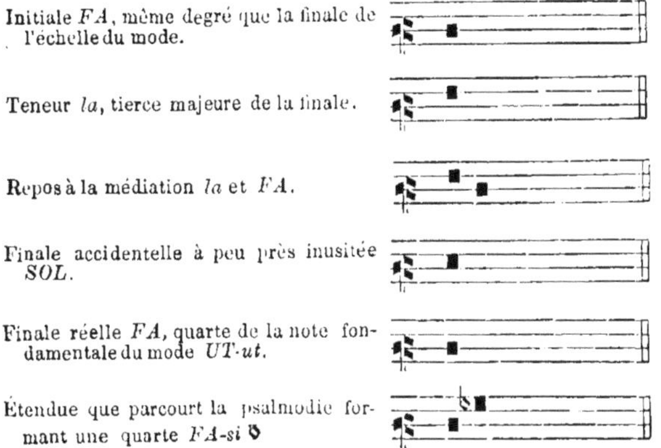

179. L'inchoation étant, dans la psalmodie du sixième mode, exactement la même que dans celle du premier (156), il n'y a pas lieu de s'y arrêter.

La médiation varie selon les pays et les usages. On la fait : 1° en descendant d'un degré sur l'antépénultième syllabe, pour remonter à la teneur sur la pénultième, puis descendre d'une tierce majeure sur la dernière :

2° on traite encore la médiation du sixième mode, en conservant la teneur jusqu'à la fin; nous avons vu (157) que c'était aussi là une des formules du premier mode, et comme l'inchoation de celui-ci est aussi semblable à celle du sixième, les deux modes n'offriraient en cette occasion aucune différence.

3° on adapte au sixième mode les médiations fériale et festivale du premier (157).

180. Les terminaisons peu variées sont toutes complètes et deux seulement sont employées.

Le véritable usage romain ne connaît que la première de ces terminaisons, qui ne diffère de la terminaison incomplète en *FA*, du premier mode, que par la distribution des syllabes, les deux dernières notes étant liées dans la terminaison de celui-ci.

La psalmodie des cantiques évangéliques est la même que la psalmodie ordinaire.

§ VIII. DE LA PSALMODIE DU SEPTIÈME MODE.

181. Autant la psalmodie du sixième mode est pauvre, non-seulement dans ses terminaisons, par l'absence de variété, mais encore en raison de la similitude qu'elle offre à plusieurs égards avec celle du premier, dont elle semble n'être dans sa première partie qu'une mesquine imitation ; autant le septième mode présente une psalmodie solennelle dans son inchoation, majestueuse dans sa médiation et riche d'élégantes terminaisons. Voici quels traits la caractérisent :

Initiale *ut*, quarte de la finale.

Teneur *ré*, quinte de la finale.

Repos à la médiation *mi*, sixte de la finale.

Finales accidentelles en *ré*, *ut*, *si*, *la* ; quinte, quarte, tierce majeure et seconde majeure de la finale vraie.

Finale réelle, fondamentale de l'échelle du mode *SOL-sol*.

Étendue que peut parcourir la psalmodie formant une septime mineure.

182. L'inchoation fériale se prend directement sur la teneur :

L'inchoation festivale consiste, après avoir attaqué la première syllabe du psaume sur la quarte de la finale, à descendre d'un degré qui est ici une seconde mineure; puis sur la seconde syllabe, à reprendre cette même quarte et à la lier par un coulé à la note de la teneur:

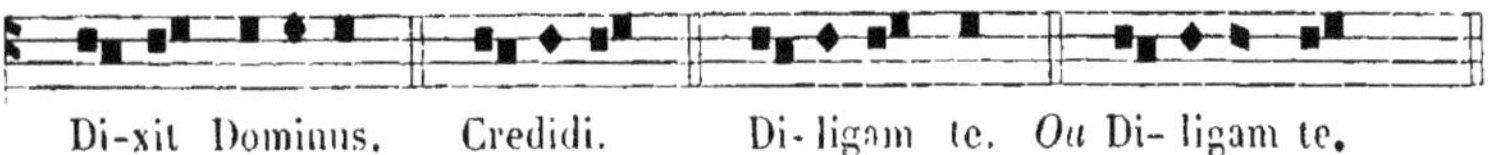

La psalmodie du septième mode est la seule dans laquelle l'inchoation ne soit pas partout la même ; elle offre une variété ou plutôt une corruption, qui consiste dans la suppression de l'inflexion de seconde mineure à la première syllabe, ce qui la rend aussi dure et aussi lourde qu'elle est douce et gracieuse dans l'autre manière.

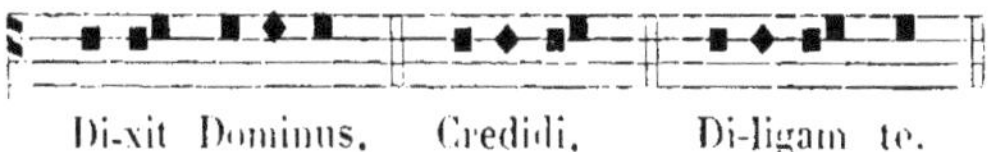

183. La médiation s'élève d'une tierce mineure au-dessus de sa teneur. Cette tierce caractéristique s'entonne sur la quatrième dernière syllabe et commence la médiation ; il faut ensuite descendre par degrés et syllabiquement à la teneur, d'où l'on remonte d'un degré pour pratiquer le repos.

184. Ainsi que nous l'avons indiqué, la psalmodie du septième mode possède de riches terminaisons : elle en a d'incomplètes en *ré*, c'est-à-dire à la quinte de la finale et sur le degré même de la teneur; en *ut*, quarte de la finale; en *si*, sa tierce majeure et en *la*, sa seconde majeure.

La distribution des quatre dernières syllabes auxquelles s'appliquent les différentes formules de terminaisons, offre assez peu de difficulté, surtout si l'on a étudié avec soin ce qui a été dit sur ce sujet dans les paragraphes précédents, et plus particulièrement ce qui concerne les terminaisons du cinquième mode. Effectivement, les teneurs montant l'une et l'autre sur la quatrième syllabe, tout s'y passe de même.

Pour l'inchoation des cantiques évangéliques, on ajoute au commencement la finale ou fondamentale du mode, de telle sorte que la première syllabe porte trois notes :

§ IX. DE LA PSALMODIE DU HUITIÈME MODE.

185. Des huit modes il n'en est pas qui ait plus que le dernier une psalmodie agréable, courante et facile. Quoique ressemblant dans toute sa première partie à d'autres modes, il se trouve suffisamment différencié par son propre caractère, que l'on reconnaît au moyen des traits suivants :

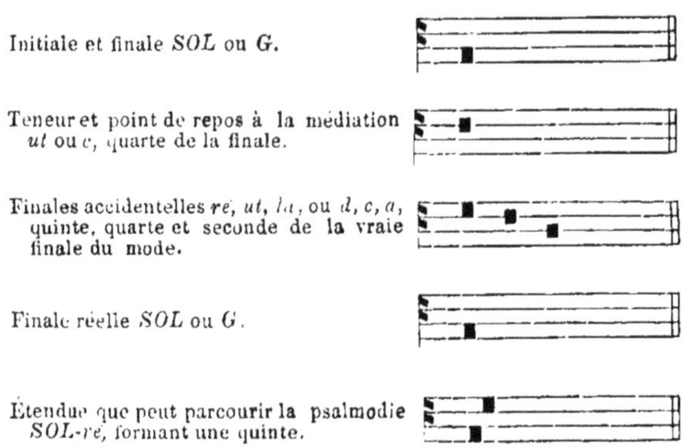

186. L'inchoation et la médiation, dans la psalmodie du huitième mode, sont, à tous égards, semblables à ceux du deuxième transporté une quinte plus haut.

Les terminaisons du huitième mode se prennent sur la troisième avant-dernière syllabe du verset ; elles sont incomplètes sur trois degrés. Celle qui a lieu sur le *ré*, seconde de la teneur, est peu usitée et à peu près inutile; la terminaison en *ut* est excellente, celle en *la* n'aurait jamais dû être admise comme appartenant à ce mode. La terminaison complète est fort usitée ; il n'en existe point de plus que complète. Voici le tableau des terminaisons de la psalmodie du huitième mode, dans toutes leurs variétés :

§ X. DES PSALMODIES IRRÉGULIÈRES.

187. Le terme de psalmodies *irrégulières* désigne assez par lui-même celles qui s'écartent des règles communes. A l'exception de la première, aucune n'a été admise dans l'antiphonaire romain, et encore celle dont nous parlons n'y apparaît-elle que par exception et seulement dans deux offices, tandis que les autres s'appliquent à tous les psaumes que l'on chante dans le cours de l'année. Elle se rapporte évidemment, en raison de sa finale, au premier mode, quoiqu'elle s'unisse à des antiennes qui sont non moins évidemment du huitième mode. La voici avec ses variétés, car elle se chante différemment selon les localités.

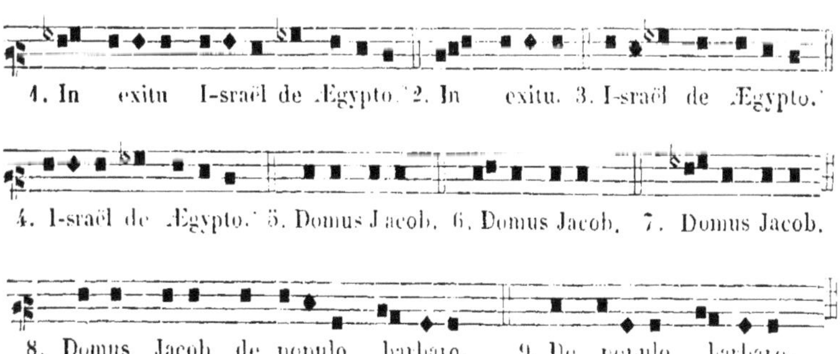

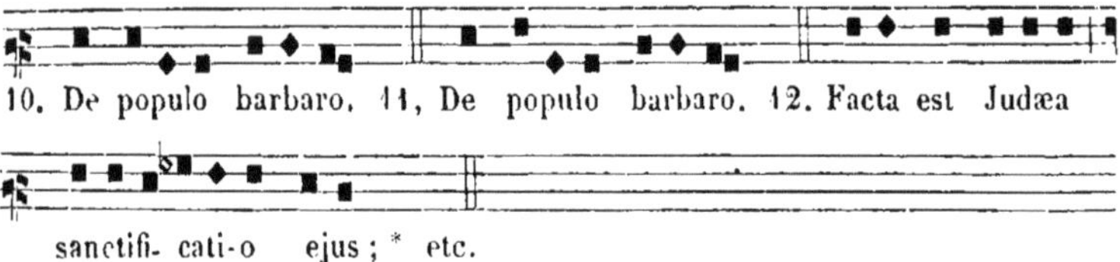

Nous avons mis en premier les leçons qui nous semblent préférables. L'élévation d'un degré après l'astérisque est inadmissible, les psalmodies d'introït ayant seules droit à la reprise). Quoique la dernière manière d'exécuter la terminaison en remontant à la quinte de la finale du mode soit fort belle, nous doutons qu'elle offre la mélodie originale. Au reste, les syllabes se distribuent sans grande difficulté à la médiation et à la terminaison, en tenant compte du *za*, qui est ici note caractéristique de la médiation, ainsi que du *la*, si l'on emploie la seconde formule de terminaison. Lorsque des monosyllabes ou mots hébraïques non déclinés se rencontrent avant l'astérisque, au lieu de descendre sur le *FA*, il faut remonter du *SOL* au *la*. On a pris, en quelques lieux, la fort mauvaise habitude d'élever à une seconde la syllabe *da* du mot *Jordanis* : cet usage doit être sévèrement blamé.

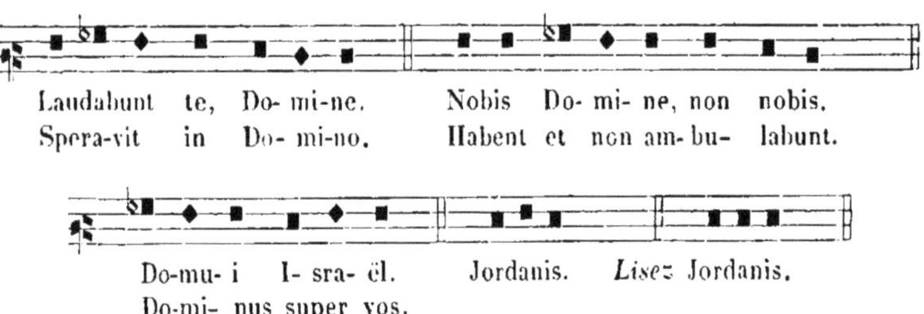

188. On rapporte au deuxième mode une psalmodie irrégulière qui est fort belle et dont on ne fait usage que pour le psaume L, *Miserere mei Deus*, et seulement lorsqu'il se chante comme prière en dehors de l'office ordinaire :

Voici quelques difficultés de distribution, d'ailleurs fort légères :

Ce psaume s'écrit d'ordinaire une quarte plus haut, c'est-à-dire avec un ♭ à la clef.

Le diocèse de Paris et plusieurs autres diocèses de France admettent une psalmodie moderne qui appartient sans contredit au deuxième mode :

On gâte cette belle mélodie dans le premier verset en lui attribuant l'inchoation du quatrième mode, qui ne convient sous aucun rapport et dont la présence dénature le deuxième mode, qui ne saurait admettre de ♭ sur le *MI*.

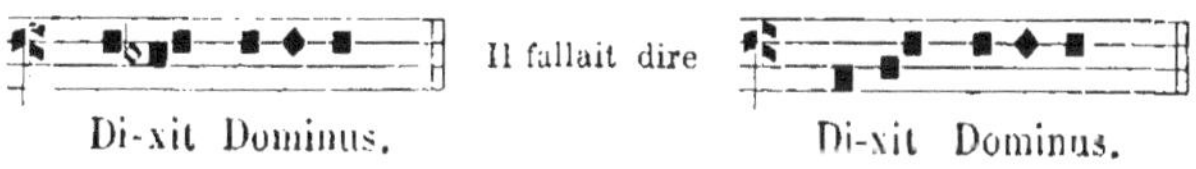

Dans cette psalmodie, les notes se distribuent syllabiquement :

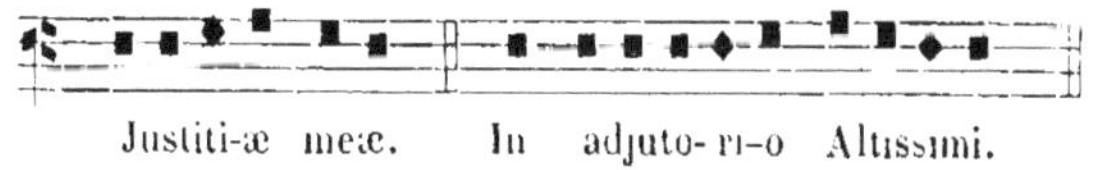

Les mots hébreux indéclinables et les monosyllabes se font, dans cette psalmodie, par la substitution de la dernière note à la pénultième et de la pénultième à la dernière :

189. La psalmodie irrégulière du sixième mode, nommée du *sixième royal*, apparemment parce que depuis son origine elle s'est adaptée au psaume XIX, dont le dernier verset commence par les mots *Domine salvum fac regem*, s'est établie dans plusieurs diocèses de France et l'on s'en sert volontiers pour les cantiques évangéliques et pour le *Dixit* des fêtes solennelles.

Exaudiat te Dominus in die tribulationis, * protegat te nomen Dei Jacob

Dans cette psalmodie, on néglige la règle qui défend l'ascension sur les dernières syllabes. Cet usage n'est pas en ce cas-ci sans inconvénient pour la médiation, où le chant s'élance de la teneur, par un saut de tierce, et fait de l'*ut* une *caractéristique* bien déterminée : aussi les chantres habiles appliquent-ils par sentiment la règle des psalmodies ordinaires et au lieu de chanter

§ XI. DE LA PONCTUATION DANS LA PSALMODIE.

190. Il y a peu de chose à dire sur la ponctuation de la psalmodie, puisqu'il ne s'agit que d'y suivre le sens du discours en s'arrêtant aux signes ordinaires de repos placés ailleurs qu'à la médiation et qui ne sont habituellement que des virgules ; le point et virgule et le deux points ne se présentant qu'en des cas fort rares. Mais il faut observer que les virgules sont quelquefois insuffisantes et que la nécessité de reprendre haleine, surtout lorsque l'on chante lentement, oblige à introduire de temps à autre des repos supplémentaires que la psalmodie admet, toutes les fois que le sens et le jugement ne les excluent pas absolument. En thèse générale, on peut poser cette règle, qu'il ne faut pas séparer les mots dépendant immédiatement les uns des autres et qu'il faut faire en sorte, si un repos devient indispensable, qu'il soit pour ainsi dire imperceptible. Voici quelques règles à suivre :

On peut, lorsqu'il est nécessaire, séparer légèrement du verbe le sujet accompagné d'adjectifs, de mots complémentaires, ou lié à une phrase incidente : *Virgam virtutis tuæ | emittet*, etc.

On sépare de même les petits membres de phrase : *Tecum principium | in die virtutis tuæ | in splendoribus sanctorum*, etc.

On respire encore convenablement après les mots suivis de la conjonction *et* : *Juravit Dominus | et non pœnitebit eum*, etc.

Lorsque le sujet se trouve après le verbe et qu'il y a lieu de reprendre haleine, il faut que le repos soit peu sensible : *Memoriam fecit mirabilium suorum | misericors et miserator Dominus*, etc.

L'usage et l'exemple des Eglises, malheureusement peu nombreuses, où la psalmodie est exécutée avec soin, compléteront les règles élémentaires que l'on vient de lire.

Nous ajouterons seulement qu'il faut éviter de sautiller la psalmodie, en y faisant alterner fréquemment et avec une sorte d'affectation des brèves et des communes que la prononciation n'exige nullement, et qui donnent aux versets de psaumes un rhythme semblable à celui des *Pas redoublés* de la musique militaire. Ainsi l'on doit éviter de dire

191. Pour rendre les erreurs plus sensibles, nous en indiquerons quelques-unes assez communes qui n'auraient jamais dû être souffertes. Ainsi quantité d'ecclésiastiques chantent le verset d'introduction des vêpres, *Deus in adjutorium | meum intende* ; et l'on répond *Domine ad adjuvandum | me festina* ; il faut chanter *Deus in adjutorium meum | intende*, *Domine ad adjuvandum me | festina*. Telle est encore la faute de ceux qui disent *Dominare in medio |*

inimicorum, etc.; *Dispersit dedit* | *pauperibus*, etc.; *Quoniam si voluisces* | *sacrificium dedissem utique ; Exquisita in omnes* | *voluntates ejus ; Intellectus bonus omnibus* | *facientibus eum*, etc.; tandis qu'il faut dire : *Dominare* | *in medio inimicorum*, etc.; *Dispersit*, | *dedit pauperibus*, etc.; *Quoniam si voluisses sacrificium* | *dedissem utique ; Exquisita* | *in omnes voluntates ejus; Intellectus bonus* | *omnibus facientibus eum*, etc.

Il est encore fort commun au *Sicut erat* de s'arrêter après *secula*, qui pourtant se rattache indispensablement à *seculorum*. Et tel est l'inconvénient d'une mauvaise ponctuation, qu'elle peut même parfois produire des fautes proprement dites dans la psalmodie. Ainsi certains psalmodistes chantent dans les troisième et septième modes :

Comme ils ne s'arrêtent pas après *Patri*, ils en font la dernière syllabe faible, en la rattachant au monosyllabe *et* qui vient après, tandis que cette conjonction appartient au mot suivant. Chantez donc :

CHAPITRE XXVII.

DE L'EXÉCUTION VOCALE DU PLAIN-CHANT.

192. Il y a deux genres de voix : celles des hommes, et celles des femmes et enfants. Dans chaque genre on distingue trois classes : voix *graves*, *moyennes*, *aiguës*, dont l'ensemble embrasse précisément l'étendue de l'échelle usitée pour le plain-chant : chacune d'elles y occupe une étendue partielle de dix degrés, comme il suit :

En limitant l'étendue commune de chaque espèce de voix à dix degrés diatoniques nous ne parlons que des notes franches et sonores. Un assez grand nombre de voix ont en plus une ou deux notes à l'aigu et parfois davantage; quelquefois aussi leur étendue commence et finit un degré plus haut ou plus bas que les points fixés pour limites de chaque voix ; quelques-unes aussi n'ont pas naturellement dix degrés, mais peuvent presque toujours y arriver sans se forcer.

193. Dans leur application au plain-chant de l'Église, les études vocales se bornent à peu de chose, puisqu'il ne s'agit que de la *pose* ou *mise* du son. Quiconque se destine à chanter à l'église doit donc s'appliquer : 1° à régulariser sa voix; 2° à donner au plain-chant toute sa valeur, en l'exprimant toujours avec netteté, justesse, égalité.

Pour perfectionner la voix, le premier soin doit être de bien gouverner la respiration : l'aspiration de l'air doit avoir lieu sans bruit et il faut en introduire dans les poumons une masse suffisante pour fournir à la série de degrés que l'on se propose d'exprimer, avant de renouveler la provision ; l'habitude fait que bientôt cette opération se pratique sans effort et au point voulu, mais pour qu'elle ait lieu régulièrement, on ne peut trop recommander que, soit debout, soit assis, la tête se tienne toujours droite, les épaules effacées sans roideur, et la poitrine libre. Ceci est en quelque sorte la préparation du son. Il faut, en second lieu, au moment où la voix achève de se former, aplatir la langue dans toute sa longueur et soulever médiocrement le voile du palais, placé au fond de la bouche, en écartant la base des côtes; cette dernière opération a lieu presque sans que nous nous en apercevions ; mais l'aplatissement de la langue et son immobilité dans toute son étendue, c'est-à-dire de la racine à la pointe, jusqu'au moment où elle agira, s'il est besoin, pour exprimer la syllabe, est fort important pour la pureté de l'émission. Si la disposition de la langue a tant d'importance, que sera-ce de celle de l'orifice buccal qui, terminant le tube vocal, contribue si puissamment à l'effet? Que l'on se garde donc d'ouvrir immodérément la bouche ou de serrer les lèvres outre mesure, de l'ouvrir en ovale droit O, comme les poissons, de donner aux lèvres la forme d'un entonnoir évasé, ou d'étendre immodéremment la lèvre inférieure en avant de la lèvre supérieure; à plus forte raison de tourner les mâchoires et les lèvres à droite ou à gauche, ce qui est ignoble. La meilleure position de la bouche consiste à desserrer médiocrement les dents en tenant les deux mâchoires perpendiculaires, et bridant très-légèrement les coins des lèvres ; il faut de plus avoir soin que celles-ci restent mollement appuyées sur les dents, comme si l'on souriait naturellement, mais sans que le visage affecte une physionomie riante. Telles sont les plus favorables conditions pour que la voix obtienne tout son effet, en n'oubliant pas que le torse doit, quand on chante, demeurer immobile et bien d'aplomb, qu'il faut tenir les arrière-bras accolés aux côtés, ne se pencher ni en avant ni en arrière, et même éviter, autant que possible, d'avoir, pour le dos ou pour les côtés, aucun point d'appui.

194. Ces précautions prises, on choisira le degré de sa voix que l'on trouvera le plus à sa portée ; par exemple, l'*UT* pour les basses, et l'on pratiquera l'exercice suivant en articulant la voyelle *a* et lui donnant le plus de clarté possible :

sans chercher à soutenir le son. Quand on aura fait quelque temps cet exercice sur l'*UT*, on le fera sur le *RÉ*, sur le *MI*, et de même sur le *SI*, sur le *LA*, et enfin sur tous les degrés que la voix pourra parcourir sans effort. A chaque fois que l'on étudiera un nouveau degré, on le rapprochera de celui et ensuite de ceux auxquels on s'était attaché précédemment, et l'on verra s'ils se présentent avec la même netteté ; et à mesure que l'on pourra se répondre là-dessus d'une manière satisfaisante, on verra que la voix fait des progrès, puisqu'elle tend à s'égaliser. Rien de plus nécessaire que cet exercice, qui peut se comparer à celui qui, dans les principes de l'écriture, consiste à faire des *bâtons*. Quand la voix sortira bien dans toute son étendue, on essayera de prolonger chaque son en l'enflant modérément et le diminuant ensuite ; de même qu'en apprenant à écrire, après avoir fait des bâtons, l'on commence à faire des *jambages*. Quand ce nouvel exercice aura produit quelques bons résultats, on retournera aux exemples de solféges que nous avons donnés pour chacun des intervalles, à partir du n° 1, et toujours en n'émettant d'autre articulation que celle de l'*a* clair. On prendra ces exemples au degré convenable de son organe et l'on s'efforcera d'obtenir constamment une belle qualité de son, une similitude de timbre aussi complète que possible, une parfaite égalité d'émission. Ce dernier avantage, si souvent négligé, ôte fréquemment à une voix, belle d'ailleurs, une grande partie de son charme. Rien, en effet, de plus désagréable, que d'entendre par exemple dans un verset de répons, certains degrés qui semblent ne résonner qu'aux dépens de ceux qui les précèdent ou qui les suivent. Les voix aiguës s'exerceront de même, en commençant par le *FA* ou le *SOL*.

195. Dans cet exercice, que nous ne saurions trop recommander, puisqu'il est la base de la bonne exécution du plain-chant, deux défauts opposés sont également à éviter : la dureté et la mollesse. Comme nous venons de le dire, chaque fois que la voix passe d'un degré à un autre, ou bien lorsque, sur le même degré, elle doit renouveler le ton qu'elle a fait entendre, ce renouvellement se marque par un coup de *gosier*, qui donne passage à l'air à peu près de la même manière que le fait notre bouche, lorsque nous prononçons la consonne labiale *p*, suivie d'une voyelle quelconque : *pa*, *pan*, *pé*, *peu*, *pi*, *pin*, *po*, *pô*, *pon*, *pou*, *pu*. Il ne faut pas que ce coup de gosier devienne un *coup de poitrine* et une sorte de voyelle aspirée avec rudesse, qui produise à chaque moment l'effet du heurt de deux corps durs ; il doit, au contraire, être légèrement sensible à l'audition et n'empêcher aucunement les différents degrés de se lier entre eux avec élégance et netteté. Le défaut contraire serait de ne donner aucune consistance à l'attaque du son, comme aussi de ne pas le soutenir suffisamment et de traîner lourdement la voix d'un degré à l'autre. Si dans l'exercice que nous indiquons, on a tenu compte de ces observations et évité de bonne heure de contracter les mauvaises habitudes, on sera bien vite capable de chanter purement toute espèce de plain-chant, et les qualités que l'on aura développées dans sa voix, à l'origine, dureront autant qu'elle-même.

196. Il est un défaut presque général, dans le chant de tous les peuples du Nord, lorsque leur éducation musicale n'y a pas remédié, et qui, en France, se fait sentir dès le moment où l'on a passé Lyon. Il consiste à chanter *de la gorge*, c'est-à-dire à donner au larynx une telle disposition, lorsque le son s'en échappe, que celui-ci prend un timbre des plus désagréables, en sorte que l'organe en est véritablement dénaturé, la voix perdant tout à fait son véritable caractère.

Ce défaut, en partie incorrigible chez certains individus, naît surtout de la prononciation du *r*, qui, ne pouvant être exprimé par la vibration de la langue qui n'y a pas été habituée dans l'enfance, se forme péniblement dans le gosier, dont, quant à la prononciation, le rôle se borne à exprimer des voyelles. La prononciation vicieuse de cette seule lettre fait prendre au larynx l'habitude d'influer sur l'articulation de quantité d'autres, et finit par altérer toute l'étendue de la voix chantante. On corrigera ce défaut capital, en exigeant des élèves, dès l'étude du solfège, qu'ils prononcent toujours le *RÉ*, en faisant vibrer la pointe de la langue contre la voûte du palais, à la naissance des dents supérieures. Il est fâcheux d'avouer que chez beaucoup d'individus la langue est tellement épaisse qu'ils ne peuvent parvenir à obtenir cet effet; ils n'en doivent pas moins s'efforcer d'éviter les sons de gorge sur toutes les autres articulations; la prononciation du *r* ne sera plus alors qu'un accident passager, quoique par malheur encore trop sensible, mais que les exercices vocaux que nous venons de recommander renfermeront du moins dans sa plus étroite limite. En peu de temps on s'apercevra soi-même si tout le son émis part bien nettement de la poitrine, et cette étude se joindra constamment aux exercices qui, pratiqués avec jugement, surtout à l'âge où la voix achève de prendre le caractère qu'elle conservera, c'est-à-dire de dix-huit à vingt ans, feront promptement acquérir à l'élève tout ce que l'on peut exiger d'une voix destinée à l'exécution du plain-chant.

FIN.

Ouvrages sous presse :

Cantinuncula spirituales LX, cum notis musicis, quas e Florentino codice, deficiente seculo XIII manu exarato, deprompsit, in lucem edidit, annotationibus illustravit, de vulgari cantionum usu temporibus mediis præfatus est JUSTUS ADRIANUS DE LA FAGE. Subjunctum est ejusdem De canticis gallice dictis *Noels* opusculum singulare. In-8.

Guidonis Aretini Opera quæ reperiri potuerunt omnia ; ad optimorum codicum fidem recognovit, perpetuis notis illustravit, de Guidonis vita et laboribus disseruit JUSTUS-ADRIANUS DE LA FAGE. Accesserunt GUIDONIS Apocrypha : ODONIS (ut creditur) Cluniacensis Dialogus ; ARIBONIS scholastici Commentarium ; Johannis TINCTORIS Expositio manus typis nondum excusa, Conradi ZABERNENSIS De Utilitate monochordi opusculum; Clavis guidoniana, omnes musicas voces in libro occurrentes aperiens : Prosodiorum (vulgo *Sequentiarum*) amplissima synagoge hucusque inedita, notis musicis textui superpositis, una cum versibus alleluiaticis. Subjunctum est Troparium vetus, in quo cantus hodiernus hymnorum *Kyrie*, *Gloria*, *Sanctus* et *Agnus* ad primigenam formam revocatur. 2 vol. in-8.

A. M. T. Severini Boetii De Musica libri quinque : ad codices Parisinos recensuit, notis gallicis elucidavit, de boetiano in medii ævi musicam actu disputavit JUSTUS ADRIANUS DE LA FAGE.

Notices, Descriptions, Analyses, Extraits et Reproductions de manuscrits relatifs à la pratique, à la théorie et à l'histoire de la Musique, ou Essais de Diphthérographie musicale ancienne et moderne.

Le texte de cet important ouvrage forme un volume qui est entièrement imprimé et contient la matière de trois volumes ordinaires. Les exemples qui l'accompagnent composeront avec le texte un répertoire historico-musical du plus haut intérêt. C'est la gravure de ces exemples qui a jusqu'ici retardé la publication. La première livraison, composée de neuf feuilles ou 144 pages de texte in-8 et de 200 planches de musique in-4°, paraîtra prochainement; elle sera annoncée par un prospectus spécial.